玺承电商教育系列丛书

电商企业
经营精髓 下册

E-Business Operation

孙清华（大圣）著

中国经济出版社
CHINA ECONOMIC PUBLISHING HOUSE
·北京·

图书在版编目（CIP）数据

电商企业经营精髓.下册/孙清华著. -- 北京：中国经济出版社，2024.4

（玺承电商教育系列丛书）

ISBN 978-7-5136-7713-4

Ⅰ.①电… Ⅱ.①孙… Ⅲ.①电子商务－经营管理 Ⅳ.① F713.365.1

中国国家版本馆 CIP 数据核字（2024）第 068236 号

责任编辑　牛慧珍
责任印制　马小宾
封面设计　任燕飞

出版发行	中国经济出版社
印 刷 者	河北宝昌佳彩印刷有限公司
经 销 者	各地新华书店
开　　本	710mm×1000mm　1/16
印　　张	14.75
字　　数	200 千字
版　　次	2024 年 4 月第 1 版
印　　次	2024 年 4 月第 1 次
定　　价	68.00 元

广告经营许可证　京西工商广字第 8179 号

中国经济出版社　网址 http://epc.sinopec.com/epc　社址 北京市东城区安定门外大街 58 号　邮编 100011
本版图书如存在印装质量问题，请与本社销售中心联系调换（联系电话：010-57512764）

版权所有　盗版必究（举报电话：010-57512600）
国家版权局反盗版举报中心（举报电话：12390）　服务热线：010-57512564

前 言
PREFACE

在充分竞争的电商市场，价格战此起彼伏，电商的利润越来越薄。作为电商，我们如何突出重围，在市场上占有一席之地，并获得可观利润，是每个电商人需要思考的问题。

我深耕电商培训多年，与很多行业、不同规模的电商老板有过深入的接触，所以了解他们各自的经营心得，以及企业经营的难点。经过长期的思考和总结，我逐渐形成了关于电商企业经营的一套实战体系，即八大系统——看清市场、选对赛道、定准利润、做强产品、做大流量、做新视觉、做稳布局、放大渠道。

这八大系统可以说是电商企业经营的底层逻辑。不论做什么，只有掌握事物的底层逻辑，才能站得高、看得远。作为电商人，一定要有掌握底层逻辑的意识，并不断地学习，最终形成自己的一套经营企业的逻辑。

八大系统本身有很强的内在逻辑，每个系统都有特定的价值，环环相扣，缺一不可。

看清市场就是找到能赚钱的市场，这是电商企业经营的第一步，也是最核心的一步。

选对赛道就是在目标市场找到合适的对手，并建立赛道竞争优势。

定准利润就是做到低成本高利润，这涉及定价方法和成本控制。

做强产品就是通过18种产品创新和升级的方法，做出强势精品。

做大流量就是掌握流量密码，通过引爆流量，把产品打造成爆款。

做新视觉就是不断升级产品的视觉，激发产品的第二生命力。

做稳布局就是复制单店的成功，实现多用户、多产品、多店铺、多平台的可持续发展。

放大渠道就是进一步做好渠道的布局，通过多渠道运营，放大企业的经营业绩。

在我日常的电商培训中，八大系统的课程非常受欢迎，解决了很多电商企业的经营难题。这次应出版社的邀请，将八大系统的内容浓缩成书，正好与《电商老板管理精髓》（上、下册）形成联系紧密的姐妹篇，也算一桩美事。

希望大家能够把这八大系统的内容掌握好，慢慢地消化，到最后你会发现，你的收获是巨大的。

目录
CONTENTS

第一章 做大流量 /001

掌握流量获取逻辑，成功打造爆款

一、流量与平台 /003

二、流量与权重 /007

三、流量与产品 /011

四、流量与市场 /014

五、流量与关键词 /016

六、流量与标品 /020

七、流量与非标品 /023

八、流量与半标品 /027

九、流量与标题 /030

十、流量与标签 /033

十一、流量与层级 /038

十二、流量与布局 /042

十三、流量与价格 /046

十四、流量与新品	/048
十五、流量与竞争	/051
十六、流量与爆品	/053
十七、爆款的选拔机制	/056
十八、爆款的换位逻辑	/059
十九、爆款的识别逻辑	/062
二十、爆款的判定公式	/066
二十一、爆款的基因植入	/069
二十二、爆款的正确测法	/072
二十三、爆款的高权重入口	/076
二十四、竞品爆款破绽拆解	/079
二十五、标品、非标品、半标品的爆款打法	/082
二十六、爆款流程 46 步	/085
二十七、爆款复盘模式	/088

第二章　做新视觉　/091

用好科技、跨界、场景、外物元素

一、做电商必须重视觉	/093
二、新视觉是大势所趋	/096
三、新视觉的原则与标准	/099
四、做新 = 传统产品 + 科技元素	/103
五、做新 = 美学产品 + 跨界元素	/105
六、做新 = 标品 + 场景元素	/108
七、做新 = 虚感产品 + 外物元素	/111
八、视觉的销售价值	/113

第三章　做稳布局　/115

多用户、多产品、多店铺、多平台布局

一、为什么要学会布局　/117
二、电商的七个盈利阶段　/120
三、电商的转型方向　/124
四、精品电商的做法　/126
五、六种流量分配导向　/130
六、电商平台的竞争格局　/133
七、电商经营的五个段位　/136
八、电商的八个重大变化　/139
九、电商大店的公式　/144
十、多店布局的思考　/148
十一、强品牌企业的做法　/153
十二、强供应链企业的做法　/155
十三、强视觉企业的做法　/158
十四、强产品企业的做法　/160

第四章　放大渠道　/163

多平台布局，突破发展的"瓶颈"

一、综合电商时代　/165
二、天猫超市渠道　/169
三、1688批发渠道　/174
四、天猫国际渠道　/179
五、跨境电商渠道　/184

六、京东、拼多多渠道 /204

七、社区社群团购渠道 /207

八、抖音电商渠道 /213

九、小红书内容渠道 /218

十、美团、得物等渠道 /223

01 第一章 INCREASE FLOW
做大流量

「掌握流量获取逻辑，成功打造爆款」

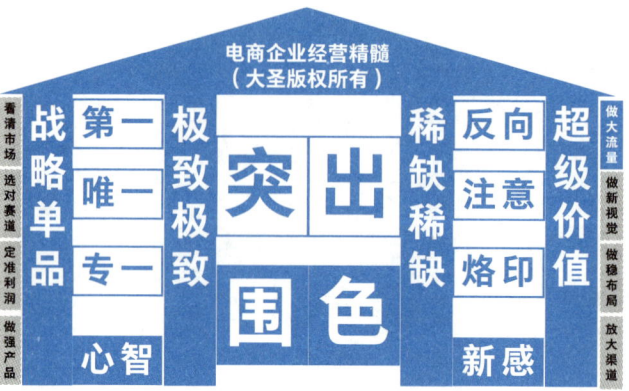

> 本章的内容是如何获得流量，并利用流量打造爆款。流量的获取越来越难，成本越来越高，作为卖家，要清楚流量的底层逻辑，比如平台怎么分配流量，权重如何影响流量的分配，标品、非标品、半标品的流量获取有什么不同，店铺的层级如何影响流量的分配，等等。掌握了流量获取的逻辑，才能形成系统的流量思维，进而形成自己的流量获取方法。
>
> 利用流量打造爆款也是卖家关心的问题。本章详细讲解了打造爆款的底层逻辑和实战方法，包括爆款是怎么选拔的、爆款是怎么判定的、如何通过测款测图找出爆款、爆款打造的46步具体流程等。

INCREASE FLOW

一、流量与平台

做电商首先要清楚流量和平台之间的关系。不同平台的流量分配机制是不一样的。比如搜索"袜子",在知乎搜,可能会搜到相关知识性内容的探讨;在小红书搜,可能显示的是产品的测评和网红产品的推荐;在微博搜,可能会出现袜子的相关事件;在淘宝搜,就会直接搜到相关产品……无论什么平台,我们都可以使用付费工具,让平台按照产品的吸引度匹配给你对应的客户,分发给你合适的流量。

我们要学会在什么样的平台用什么方式来获得流量。比如抖音是一个做内容的平台,你必须拍摄用户感兴趣的视频,来吸引足够多的目标群体,才能获得更多的流量。

平台分配流量的核心法则是流量利用率。就像在公司上班一样,公司是一个资源平台,会给员工匹配物料、产品,再给你设置薪资和奖金,A部门业绩做得非常好,B部门业绩一直很惨淡,在这种情况下,公司会把更多的资源分给A部门。平台就是流量的分配方,它必须考虑将流量分配出去后,能否得到最大的收益。谁能给平台带来更多的收益,谁就会获得更多的流量。

平台为何要把流量给你？

你能为平台创造价值	坑产规模
你不浪费平台的流量	流量利用率
你让平台以你为荣	品牌与标杆
你让平台没有选择	稀缺度与差异化

1. 平台为何要把流量给你？

（1）你能为平台创造价值——坑产规模

平台会把流量分给坑产规模大的商家和产品。你为平台创造价值，且持续创造，就会获得流量。在抖音平台，如果你能够提升用户黏性，让用户一直点击视频进行观看，并且愿意看完，那么你的粉丝量就会迅猛增长，甚至不用花钱就会得到很多的展现。在淘宝平台，如果你能够把坑产做到名列前茅，比如同样的位置你一个月可以卖300万元，别人只能卖200万元，那么平台就一定会分配给你更多的免费流量。获得的流量奖励一定与创造的价值成正比。

（2）你不浪费平台的流量——流量利用率

店铺如果没有巨大的坑产规模，但是可以充分利用平台流量，将用户吸引到店铺，有机会转化成交，那么也容易获得平台的流量支持。用户进到你的店铺主页，不仅买一件，还买了n件；不仅买一次，还买了n次，点击率、关联率、转化率、复购率等都很高，这就说明你店铺的流量利用率高，转化效果好，平台同样会给你流量支持。

（3）让平台以你为荣——品牌与标杆

电商平台非常鼓励传统品牌、大品牌入驻，这些品牌能获得相应的绿色通道。只要你在线下有很强的渠道能力和品牌力，平台就会以你为荣，并给你分配很多的流量。假如你是新锐品牌，且在行业内有足够的标杆影响力，如"钟薛高"，也会获得大量的流量补给。

（4）你让平台没有选择——稀缺度与差异化

如果你的产品市场规模小、竞争对手少、差异化做得明显、行业类目足够稀缺，那么同样会获得平台的流量支持。比如医生用的压舌片，这个产品很少有人做，赛道竞争不激烈，即使你的产品一般、不做推广，平台也会给你流量。

平台到底把流量给了谁？

能带来坑产规模的商家
重点扶持和维护的商家
付费效果较好的商家
前期表现出充分潜力的商家
新入驻平台的商家与新品

2. 平台到底把流量给了谁？（流量导向）

（1）能带来坑产规模的商家

对于销量名列前茅的店铺，平台都给予免费流量，一般行业第一名店铺的免费流量会很多。当店铺能为平台创造价值，有一定的坑产规模时，平台就会给予流量作为奖励。

（2）重点扶持和维护的商家

能够充分利用流量，访客进入店铺后，有机会完成成交，这样的商家就是平台重点扶持和维护的商家。

（3）付费效果较好的商家

付费效果好，点击率、转化率高，增长速度快的商家会获得流量。

（4）前期表现出充分潜力的商家

有些潜力型商家，虽然店铺业绩不是很高，付费效果不是很好，但是产品具有差异化，整体表现很好，点击率、转化率比较不错，也会获得流量。

（5）新入驻平台的商家与新品

新品都有扶持期，新店也一样，平台会分配免费的流量给新店，让新商家认为未来很有希望。

现在的618、双11，很多中小卖家感觉没有机会，为什么？因为流量很少的时候，平台只能保大不保小，层级高、有新品的大品牌会优先获得流量，产品有差异化、有个性、属于稀缺赛道的店铺也会获得流量。

综上，电商平台流量分配的先后顺序是：坑产规模大—扶持对象—付费效果好—产品差异化潜力—新品新店。如果你的店铺符合平台的流量导向，就一定能够获得平台的流量支持，如果不符合，那么店铺获得流量的难度系数就会很高。

作业：请思考你的店铺是否符合平台的流量分配导向，是否在做有价值的经营动作。

二、流量与权重

能不能获得流量，要看你的权重是高还是低。

什么叫权重？权重是某个因素或指标的相对重要程度。如果重要，则权重就高；如果不重要，则权重就低。

权重和流量又有什么关系呢？权重是平台将商家分级、分层、分量、分素的核心指标。不同的店铺，权重不同，流量分配的逻辑也不同。举个例子。一个店铺只卖西装裤，成交金额是西装裤的销售额，那么，西装裤就占这个店铺权重的100%。如果一个店铺的西装裤做了50万元的销售额，而总销售额是200万元，那说明西装裤不是这个店铺的主营品类，权重只占店铺的25%。接下来，平台在分配西装裤流量的时候就有可能把流量分配给权重更高的店铺，也就是只卖西装裤的店铺。

平台在考虑权重时，并不是单一地考虑某一个指标有效，而是综合考量店铺的数值。比如，你的店铺有100个访客，转化了5单，转化率为5%；别人的店铺有1000个访客，转化了35单，转化率为3.5%。这种情况下，平台会把流量优先给别人的店铺，因为它的销售额规模更大。

权重等级（以淘系为例）

平台一级权重	销售额	增长值	利润率	商家一级权重
平台二级权重	点击值	转化值	动销率	商家二级权重
平台三级权重	体验值	加购值	复购率	商家三级权重
平台四级权重	上新值	收藏值	私域量	商家四级权重

总而言之，权重很复杂，平台一般有100多个权重指标，下面我们来分一分权重的等级。

1. 平台一级权重：销售额、增长值；商家一级权重：利润率

我们以淘系为例，在平台里，一级权重有两个：一是销售额；二是增长值。这两个权重是淘系平台的第一权重。

你的销售额很大，权重也会很高。销售额越大，说明你对平台的贡献越多，平台的扣点收入也越多，相对来说，你支付的广告费也会比其他店铺高，因此，平台肯定会给你更多流量。

增长值包括增长量和增长速度。举个例子。如果a卖家当月做50万元，下个月做50万元，再下个月也做50万元；而b卖家当月做30万元，下个月做50万元，再下个月做70万元，很显然，b卖家的增长值比a卖家高，因此，b卖家的权重相对来说会更高。

销售额评判的是店铺的经营成果，增长值评判的是卖家有没有持续竞争力，而商家最终考核的是利润率，没有利润，等于白做。很多商家将销售额做得很大，每天发快递、打广告，一顿操作却没有赚到钱，这是典型的有规模、无利润。所有的运营、发货等都是为了赚钱，所以商家的第一权重是利润率。

2. 平台二级权重：点击值、转化值；商家二级权重：动销率

怎样衡量店铺的宝贝是不是优质宝贝？要看它的点击率、点击增长率、点击量，统称为点击值。1万个用户观看，有100人点击进来，点击率是1%。有点击量意味着访客量大，所以在前期销售额不是特别大的时候，只能看点击率；后期随着销量的增长，再看点击增长率和点击量。

同理，转化值也是一样。点击率是流量获取第一率，转化率是权重成交第一率。

对于商家来说，二级权重是动销率。比如，100 个产品有 90 个能卖，动销率就是 90%；100 个产品有 50 个能卖，动销率就是 50%。商家需要关注的是日动销和月动销两个指标。没有动销，意味着会积压库存。因此，商家要时刻关注动销率、动销增长率。

3. 平台三级权重：体验值、加购值；商家三级权重：复购率

店铺是不是有差评？用户体验好不好？这些都是评判标准。如果有差评、投诉，用户的体验不好，平台就不会推送流量。用户加购意味着准备购买，也叫准客户，加购越多，店铺的潜在客户就会越多。

对于商家来说，复购代表客户真的被留住，否则就是一次性客户。复购率不够，说明产品的关联度不强，也就意味着产品深度没有做好。

4. 平台四级权重：上新值、收藏值；商家四级权重：私域量

上新意味着持续获得访客，店铺可以吸引客户。用户如果没有购买，但是收藏了宝贝，也可以成为店铺的潜在客户。

对于商家来说，四级权重是私域量——忠实的复购粉丝的数量。

平台流量分配总标准

成交值 > 增长值 > 标准值 > 平均值
坑产额 - 增速比 - 爆款池 - 平销池

在平台分配流量的标准优先级中，成交值优于增长值，增长值优于标准值，标准值优于平均值。

成交值大，规模大，坑产多，你获得的流量就多。店铺有增长，增长值高，是第二优先级。标准值是行业的基本标准，店铺一定要达到这个基准线。平均值是行业的平均标准值。

坑产额、增速比、爆款池、平销池对于店铺来说同等重要。流量会分配给有坑产，增长速度快，有机会进入爆款池、平销池的商家。

　　作为一个成熟的商家，必须平衡好平台权重和商家权重，并弄明白权重和流量的关系，弄清楚权重是如何影响流量的，才能做出更有利于流量获取和本身成长的经营动作。

　　作业：请思考你的权重指标是否有利于获取流量，以及经营导向是否正确。

三、流量与产品

> 产品为王，产品是撬动流量的根源。
> ——大圣老师

如何理解流量和产品之间的关系？流量其实是产品的一种重要表达方式，可以理解为：产品不好，就没有流量；产品是撬动一切流量的根本。如果产品这个根源做不好，即使你找最厉害的运营、美工、客服，也一样卖不出去。这就是我们常说的：产品为王。

店铺的流量获取度不够，极有可能是产品端口出现问题。产品决定了企业的竞争力、价值创造力、流量承载力，以及市场的容量。

很多电商会问一个问题：为什么产品获得的流量很少？推广后也拿不到很多流量？归根结底是由以下五个原因造成的。

产品流量为什么这么少？

产品需求小——未起来
产品用户少——未普及
产品定价高——门槛高
产品竞争弱——无能力
产品营销差——未发现

1. 产品需求小，未起来

产品的需求很小，市场份额占比不够，带不起流量，所以流量少。比如电梯，个人购买电梯的需求很小，导致电梯的搜索词很少，它的购买需求在网上无法体现。

2. 产品用户少，未普及

一款新产品没有在市场普及，也不会有流量。比如一款可以自动调节度数的眼镜，产品很好，也能满足用户的需求，正常来说，未来的需求量一定会很大，但是为什么没有流量呢？因为很少有人知道这款眼镜，普及量不够，所以用户不会搜索这种关键词。

3. 产品定价高，门槛高

产品的价格高，门槛就高，导致较少的用户购买，拿不到平台的免费流量。所以商家要在价格和流量之间找到平衡。

4. 产品竞争弱，无能力

产品的竞争力薄弱，没有能力撑起市场占有率。产品竞争力弱，视觉、运营都做得不好，就很难获得流量。

5. 产品营销差，未发现

产品的营销差，导致未被用户发现。产品好与卖得好是两码事，并不是所有好产品都会卖得好，营销做得不好，同样没有点击、转化，视觉上也跑不赢其他商家。

因此，电商在选择产品时，要优先选择大需求、普及度高、价格段充沛、有差异化、视觉能获客的产品。这样的产品，在任何平台都会做得很好。

作业：请问你如何践行"产品为王"的理念？

四、流量与市场

> 每一个市场都有一个相应的流量池，大市场才有机会获得大流量，打造大爆款。
>
> ——大圣老师

每一个市场都有对应的流量池，布鞋有布鞋的流量池，球鞋有球鞋的流量池，等等。市场决定了商家能在这个池子里获得多大的腾挪空间，市场决定了流量的水准，因此，大爆款一定要在大市场中才能做起来。那么市场和流量之间有什么关系呢？

1. 爆款的体量受制于市场体量

市场体量小，爆款体量一定小；市场体量大，爆款体量一定大。例如，像压舌片、蛋糕饰品、纹身机这样的类目，想要做到月销 8 万件、10 万件是不可能的。

2. 流量的快速获取，取决于市场的快速增长

就像曾经爆火的指尖陀螺、冰墩墩一样，突然间卖爆了，市场增量

一直在增长，你不用付费，也不用推广，就能获得直线上涨的流量。流量上涨的速度取决于市场增长的速度，而爆款的核心就在于获取流量的速度，因此，流量集中的速度对于商家来说很重要。

3. 流量不可逆的下跌，是市场下跌导致的

流量的下跌本质上是竞争关系导致的，但是如果市场大盘下跌了，那么，流量一定会出现不可逆的下跌情况。

4. 市场过小，流量必然高度集中于头部

当市场体量小、流量少时，平台不会将流量平均分配，而是会把流量集中在前几名。

流量的趋势一定是集中的。大市场竞争激烈，小市场虽然竞争小但没有肉吃，我们该怎么做呢？我的建议：大市场做小，小市场做大。

如果你在一个很大的市场，那么一定要选择某个垂直赛道，把市场做得很垂直、很专业，不要贪大，不要什么品类都做。比如，做裤子，就老老实实做阔腿裤、高腰裤、喇叭裤等。大市场一定要聚焦小市场，才能做大。

如果你在小市场，那么不要只卖单一的产品，而是要围绕产品去拓展人群。比如，卖凉席，可以卖儿童凉席、宿舍凉席、司机开车坐的凉席等，只有这样做，市场份额才能做大。除此之外，你还可以围绕客户去拓展产品。比如，你做的是泳衣类目，那么你可以围绕泳衣的人群，去做饰品、防晒产品、游泳圈等。

大市场做小，可以使我们避开大竞争，安安稳稳赚到钱；小市场做大，可以使我们借助类目排名靠前的优势，快速去做关联性的产品。

作业：请问你的市场是什么市场，它的流量"瓶颈"在哪里？

五、流量与关键词

> 关键词是需求的精准表达，是认知深度的描述，更是流量入口分化的标志。
>
> ——大圣老师

在电商程序的识别系统中，产品的本质是所有关键词、标签集合的载体。产品通过关键词来描述自己，从而与消费者建立连接，这是关键词的价值。关键词是消费者和产品之间产生链路的集合。

用户在快速查找想要的产品时，都会产生一种行为，叫作"搜索"。无论是兴趣电商，还是内容电商、社交电商等，都必须重视搜索产生的关键词。抖音最初打出的是兴趣电商的概念，经过演变最终还是开放了搜索入口，因为没有搜索就剥夺了消费者表达自我的权利，消费者如果不能表达自己，就会离开平台。

关键词是需求的精准表达。比如，在购买连衣裙时，可以搜索"连衣裙"，如果想要再精准一些，可以搜索"连衣裙长款碎花"。越长尾、越深入的关键词可以越精准地表达用户的需求。

关键词是认知深度的描述。比如，我们搜"一次性水杯"，一般不会进行第二步的搜索，因为在我们的认知里，一次性水杯并不稀奇，我们只要搜索"一次性水杯"就能找到想买的产品。但是一些人会搜"定制一次性水杯"，用于商用，这就是用户在搜索时已经在认知上加深了一个程度。

关键词是流量入口分化的标志。消费者通过多少关键词描述找到某个产品，意味着该产品在消费者的心中有多深入的认知。关键词是消费者和产品之间的沟通逻辑，反映了消费者对这个产品的认知。

通过关键词，我们可以将产品分成三类，形成平台的流量关系。

1. 产品的分类

（1）标品

标品可以理解为标准品，是大多数消费者对某个产品的认知描述相对统一。例如，压舌片就是标品。消费者没有别的词来描述它，搜索时就只能搜"压舌片"。厨房置物架就是标品。消费者没有别的词可以搜索，最多是搜"厨房置物架不锈钢"，消费者对这个产品的认知是一致的。

标品的关键词特别少，流量高度集中在第一屏。标品的流量是一个典型的锥形流量结构，排名越靠前的流量越大，越往后越少。

（2）非标品

对于非标品，消费者的认知是不一致的，即使关键词一样，消费者想象到的商品也可能不同，无法标准化。

非标品的款式特别多，它的典型特质是关键词多。非标品的流量呈现出比较分散的情况，所以非标品的品类特别重视日动销和月动销。消费者不会仅通过一个关键词的搜索页面就购买想要的产品，可能会看很多页面再去下单。因此，销量排序第一名的产品，未必能获得最多的流量。

（3）半标品

关键词的描述相同，但产品不一样，就是半标品。半标品是标品在逐步非标化过程中出现的一类产品。

半标品的关键词数量比标品多，但比非标品少。比如家具，就是典型的半标品。搜索时，关键词都一样，但每个人心中的家具款式、风格都不一样。在产品布局上，半标品商家倾向于非标品的运作手法；在运营上，半标品商家倾向于标品的打法。

功效—款式

通常情况下，消费者购买商品时，根本不看款式，只看功效，这种产品一般是标品。例如，面膜就是一种典型的标品，消费者不关注面膜的包装，只关注功效，他只会看面膜的品类，更注重商品文字的描述。

若消费者搜索时，不看文字描述，只看产品本身的款式，这种产品就是非标品，如女装。

如果消费者既看功效，又看款式，那就是半标品了。先看功能，偶尔看款式，这种是半标品中的偏标品商品；先看款式，再看功能，这种是半标品中偏非标品的商品。例如，灯饰、摆件是典型的半标品中的非标品；家具的床就是半标品中的标品。

2. 产品分类的判断标准

产品分类的判断标准

标品	关键词少	品类词	看字不看款	前十都很难
半标品偏标品	关键词较多	功能功效词	神图配好款	流量在前三
半标品偏非标品	关键词较多	风格属性词	好款配场景	爆款差距平均
非标品	关键词多	各类属性词	看款不看字	动销更加明显

首先，标品、半标品、非标品的关键词有明显的区别，标品的关键词少，半标品的关键词比标品多，非标品的关键词最多。你可以通过入口多少来判断产品属于哪一类。

其次，看品类词。搜标品时，消费者只会搜品类词，比如，置物架、一次性水杯、鞋带等，没有更深的描述。如果描述的是风格属性词，那它就是半标品当中的非标品，如北欧风吊灯。如果产品的属性词非常多，那就是非标品。

最后，标品、半标品、非标品的打法是完全不一样的。标品，要打大爆款战略；半标品，既要注重选款，又要注重打爆款战略；非标品，要特别注重选款和风格关键词的覆盖，实现动销增长。标品是阵地战，半标品是地形运动战，非标品是布局战。

作业：请判断你的产品是标品、非标品，还是半标品？

六、流量与标品

> 标品打的是阵地战，产品不强，点击不高，流量起不来。
>
> ——大圣老师

标品流量集中于爆品，爆品标签决定店铺标签，核心在于运营单品。

标品是阵地战，流量高度集中在前几名，如果你的产品不强、点击不高，你肯定做不起流量。标品通过强产品、高点击方式来获得流量。

1. 标品的规律

标品的规律

关键词数量少 → 搜索入口单一 → 锥形市场模型 → 爆款流量集中→
　　　　　　点击单价贵 → 词效极高 → 重资金战役 → 易守难攻
产品标准化　 → 价格相对标准 → 卖点相对雷同 → 转化相对一致→
　　　　　　点击率为核心 → 价格为重 → 文案为本 → 非标为根

（1）关键词数量少

关键词数量少，意味着它的搜索入口很单一，如果不抢占关键词位置，就无法获得流量。你既要打直通车，也要打爆款，由于流量高度集中于关键词上，所以必须将关键词抢到。

标品的市场流量是锥形市场模型，标品流量很贵，要资金雄厚才行。因此，标品的商家特别喜欢战略性亏损，宁可将价格打得很低，也要把销量冲上去，冲上去后再提价，做上去。当竞争对手的月销已经2万件时，你没销量、没流量，就只能打低价，去做战略性亏损。很多做标品的电商都是通过这种方式运营店铺的。

这个市场易守难攻，如果你做到第一，价格有性价比，产品能力也非常强，那么你肯定会在这个位置待很久，防守做得好，可能每一年都是第一。标品一旦冲到前面，就可以连续一年以上地赚钱，最短的也是半年，至少是能守得住的。

（2）产品标准化

从产品角度考虑，做标品的另一条思路是非标化运营。标品最喜欢打价格战，产品差不多，价格差不多，卖点也雷同，因此，标品转化率的差距不会很大。如果你的点击率能比别人高一个点，比如，别人的点击率为2%，你能做到3%，那同样1万个展现，你会比别人多100个流量，也就有机会超过竞争对手。在商品款式一样的情况下，价格具有最大的杀伤力。同样的两个产品，比如玻璃杯，你比别人低10元，消费者就更愿意买你的玻璃杯。文案为本，一个神卖点可以让店铺起死回生。非标为根，标品未来的设计方向一定要非标化。比如，同样的杯子，你做成国潮风，就会卖得好；同样的耳机，你做成动漫联名，可能销量立马翻倍。

总之，点击率为核心，价格为重，这是非常重要的竞争手段。文案为本，非标为根，这是标品的出路。

2. 标品的爆款公式

标品店铺，在爆款做起来之后，由于马太效应，流量很快就会变多，因此，标品店铺的流量高度集中在少数产品上，店铺标签是由单品标签决定的。

标品店铺要注重单品运营，把你的所有精力集中在单一的产品上，做出差异化、性价比。

那么，标品的爆款公式是什么？标品的爆款＝强产品 × 高点击 × 牛运营 × 重资金。

首先，产品要强，要有差异化、有竞争力；其次，点击率做高，提高商品的点击率，从而提升主导地位；最后，厉害的运营可以在资金充足的情况下，帮助店铺快速打爆款，在短期内完成质的飞跃。

作业：请对照标品的爆款公式，回顾你的打爆款经历。

七、流量与非标品

> 非标品打的是布局战，产品不多，款无特殊，流量起不来。
>
> ——大圣老师

非标品流量集中于人群，人群标签决定产品标签，核心在于运营人群。

非标品的流量入口比较多，消费者不会因为某个单一的关键词就去购买，想实现成交，就要用不同的产品去满足不同的人。你需要覆盖不同的人、不同的风格、不同的需求来完成流量的崛起。

非标品打的是布局战，如果你的产品不多且毫无特殊，那你的流量肯定起不来。你一定要选基本款中的特色款、小众款中的常规款。

很多消费者对非标品的浏览深度普遍比标品要高，因为他们会很仔细地浏览各种各样的店铺和款式。

> 1. 非标品的规律

非标品的规律

关键词数量多 → 搜索入口宽泛 → 扇形市场模型 → 爆款宽度为首 → 点击单价低 → 二级词为要 → 重款重节点 → 速战速决
产品多元化 → 价格相差大 → 转化波动大 → 款式要素大 → 节点为点 → 款式为式 → 人群为群 → 全店为全

（1）关键词数量多

非标品的关键词特别多，同时意味着搜索入口很宽泛。这也是非标品开直通车计划时关键词要加很多的原因，只有多添加关键词，流量才能丰富，广告费才能花得出去，才能带来更多流量。

非标品的爆款呈现扇形结构，即一堆优质高动销产品加一堆平销型产品的结构，因此，爆款的宽度是很重要的，如果你的款式特别小众，就意味着你的市场流量一定很少。所以，爆款覆盖的宽度、对人群的宽度要求很重要，这决定了你的产品能不能够获得更多的流量。

由于非标品的关键词特别多，搜索入口宽泛，所以商家不会对某一个词死磕，也可能不抢类目大词，反而会去抢更多的细分词，如二三级词。大家都避开竞争，也导致点击单价相对便宜一些。

非标品商家特别重视销售节点，把商品的热销属性判断准确，节点来了就马上去做，节点一定会影响商品的销量。非标品的款式变化速度特别快，销售节奏是速战速决的，所以非标品的爆款和标品的爆款不一样。标品如果成为爆款，那么能待在这个位置半年甚至一年，而非标品可能三四个月就过期了，最多坚持半年，会有一个明显的周期。因此，非标品商家要不断地选款、测款、打款，过期之后再选款、测款、打款，周而复始。

标品和非标品的爆款逻辑是不一样的。非标品的款式非常多，靠款式吸引别人，在这个款式过时后，销量自然就会下降。标品靠实力，功效是核心，不靠颜值，所以，颜值怎么变化无所谓，抓住卖点就好，就像"怕上火喝王老吉"一样。消费者不关注王老吉的外观，只关注它能够降火。

（2）产品多元化

非标品的产品是多元化的，它无法靠一个产品满足所有人，必须靠很多的产品同时满足多个有特殊需求的人。这也导致它的价格相差悬殊，价格弹性非常大，因此，转化波动也很大，会特别不稳定。

非标品不是有钱就搞得好，它拼的是选款经验、对客户的洞察和把握能力，一定要具有多种产品的关联能力，非标品之间必须要做关联和流量嫁接。大多数非标品是靠款式驱动的，产品和款式非常重要。

要注重全店，从全店的布局入手，而不要在单品上纠结。店铺最重要的指标是日动销指标和月动销指标，你要看全店流量为什么没别人高，而不要单从一个产品上找原因。非标品的流量集中在人群，因此，运营的核心在于找到精准人群，要学会使用达摩盘、引力魔方等精准的人群运营工具去获得流量访客。

库存是非标品商家的"死穴"，非标品的尺码很多、颜色很多、库存很多，所以一定要有精准的库存管控能力。某个产品上架半个月之后，你要确定这个产品是畅销品、滞销品，还是库存等。

2.非标品的运营公式

非标品=人群精准 × 视觉匹配 × 选测热款 × 节点（第一层次）

产品布阵 × 爆品布局 × 关联销售 × 定价（第二层次）

店群布局 × 库存管控 × 鱼塘建设 × 开新（第三层次）

非标品的运营公式的要素是人群、产品和布局。一级、二级、三级非标品店铺必须做到四点：人群精准、视觉匹配、选测热款（筛选热款、热搜词)、抓住节点,这是运营的第一层次。四级到五级非标品店铺要进入第二层次,要学会产品布阵,爆品做关联,做不同维度的定价布局覆盖。六级以上非标品店铺要进入第三层次,做好店群布局,精准管控库存,完成鱼塘的建设(回流客户的私域沉淀),持续上新,使不同的品类有相关的产品展示。

作业:请对照非标品的运营公式,回顾你的打爆款经历。

八、流量与半标品

> 半标品打的是地形运动战，高点击占领突出地形，强产品攻占山顶，群体动销包围山口。
>
> ——大圣老师

半标品是标品到非标品的过渡形态，任何一个品类一定是从标品走向半标品，再走向非标品。比如服装，最开始可能只用树叶制作，在身上一绑就穿出去了，这就是标品；慢慢地，人们觉得树叶都太一样了，于是有的人绑红色树叶、有的人绑黄色树叶、有的人绑绿色树叶、有的人绑得五彩缤纷的，服装开始半标化；当人们开始用各种各样的丝绸做衣服时，服装就走向非标化了。因此，半标品类目运营的核心思路是：在产品上学习非标品，在运营上学习标品。

半标品打的是地形运动战，首先你要找到有利地形，然后运动起来，用高点击率产品占领有利地形，靠强产品攻到山顶，由此利用群体动销包围山口来形成流量的聚合。半标品类目有摆件、茶具、文胸、孕妇裤、瑜伽裤等。

1. 半标品的规律

半标品的规律

关键词数量少 → 搜索入口单一 → 锥形市场模型 → 爆款流量集中→
　　　　　　　点击单价贵 → 词效极高 → 词体量不大 → 难守
产品款式化　 → 价格相差小 → 点击波动大 → 转化相对稳定→
　　　　　　　产品要精 → 款式为基 → 文案为辅 → 风格为主

（1）关键词数量少

半标品的关键词数量虽然比标品多一点，但也没有那么多，且搜索入口也是很单一的。它的市场是按照销量排序的追星市场，流量跟着层级、销量排序来，销量排序越靠前，流量就越大，也一定会出现流量高度集中在前几名的情况。因此，点击单价也不便宜。

半标品的词效要求极高，点击转化也一定要高，它的关键点在于难守。

（2）产品款式化

半标品在产品上做布局，要不断地推出各种各样的款式。在价格没有太大差别时，转化的稳定性相对较强。它的产品是最重要的，产品要精，要以产品款式为基，以款式的基础文案为辅、风格为主。

半标品店铺要在款式上下功夫，款式要丰富，款式可以做得非标化，产品一定要做得精致，文案要有冲击力，要有差异化，整个店铺要形成明显统一的风格。

半标品的布局，首先是铺款，在产品上向非标品学习，从款里面优中选优，慢慢找出好做的款，集中力量把这些款打成爆款。做半标品爆款的核心是优款增量曲线。

优款增量曲线

以优势精选的款式抢占核心关键词增量

2. 半标品的细微区别

半标品的细微区别

半标品偏标品	关键词组	功能功效词	神图配好款	流量在前三
	每个细分关键词爆款做到第一，做矩阵，单品策划最重要			

半标品偏非标品	关键词组	风格属性词	好款配场景	爆款差距平均
	产品组合覆盖，做关联，整店动销额更重要			

（1）半标品偏标品

半标品偏标品的情况下，商家一定要审图，提炼好卖点，获取大量的流量，做到类目前三名。要求每一个细分关键词都要做到第一，再去做矩阵，重视单品策划的重要性。

（2）半标品偏非标品

半标品偏非标品的情况下，商家要以一种风格词、款式词、外观描述词为主，添加好的场景，搭配好的款，爆款的差距就不会特别大。做好产品组合覆盖，做好关联，关注整个店铺的动销额尤为重要。

半标品的类目出路最广，是未来电商最安全的产品类别，它不会过度依赖大爆款，同时能实现动销，偶尔还有产品创新，因此，可以保证店铺的利润值，不会轻易地陷入价格战。

作业：请仔细思考标品、非标品、半标品背后的运营逻辑和差别。

九、流量与标题

随着电商行业的发展，标题对流量的影响相对来说没有以前那么大了，但是只要搜索电商的入口还存在，就意味着好的标题仍然会对流量的增长起一定作用。卖家在前期没有太多的资金时，可以把标题作为一个获得免费搜索流量的重要方式。

标题的本质是消费者触达产品的搜索路径，而高权重标题是最关键的路径。

1. 高权重标题路径

高权重标题路径

高速公路——飙升搜索词
快捷公路——产品精准词
不拥挤的路——竞争度小的词
宽阔大路——大多数人搜的词
立交收拢的路——拆词与组词最多

（1）高速公路——飙升搜索词

从道路的角度说，高速公路是最快的道路。从消费者通过标题找到产品的路径来说，也有最快的路，就是选用飙升搜索词，飙升搜索词的热度会一直上涨，当飙升搜索词出现在你的标题里时，流量入口就会变得非常大。在后台数据——"生意参谋"里分析关键词时,你要优先找到那些飙升速度特别快的词,它可以让你的流量起速变快,是标题的高权重入口。

(2)快捷公路——产品精准词

当飙升搜索词和你的产品匹配度不高时,怎么办?你可以选用产品精准词。比如,"连衣裙长款碎花""阿迪运动鞋带气垫"都是清晰的表达词,也就是我所说的产品精准词。当客户搜索"连衣裙"的时候可能不会最先触达你的产品,但搜索"连衣裙长款碎花"时一定会更容易触达。

(3)不拥挤的路——竞争度小的词

第三条路是不拥挤的路,也是很少有人走的路,因此,竞争度会很小,在这样的范围内,用户更容易看到你的产品。比如,一般情况下,大家不会搜索"维生素狗粮"这个词,商家也不会把这个词作为关键词,但如果客户搜"维生素狗粮",而你在标题里写了维生素狗粮,那他就会优先找到你。

(4)宽阔大路——大多数人搜的词

宽阔大路比较宽敞,车可以开得很快。选用大多数人搜的词,会放大你的展现词,使你的产品以很快的速度触达更多的消费者。

(5)立交收拢的路——拆词与组词最多

立交收拢的路是拆词与组词最多的一条路。比如,牛仔裤男和男牛仔裤,哪个的流量入口更大、转化率更精准呢?拆分一下你就会发现,肯定是"牛仔裤男"这种词更优秀,因为它能覆盖、拆解的词组更多,所以会更有优势。

2. 改标题会不会影响权重？

答案：会。只要改了标题，就会影响权重。影响分两个方面——正向影响和负向影响，而我们一定要向着正向影响的方向发展。一般产品的标题可以随便优化，因为它的销量本来也不多，而爆款的标题就要谨慎修改了，如果你改得不好，流量会直接发生改变。

爆款的标题一定要在流量最少的时候改。销量最低谷时改标题，可以实现正反馈，流量、转化、成交等在流量跌到底部之后被快速地拉起来，这个时候修改是最好的。

选词时，要在精准的前提下求放大，在放大的前提下求速度，这样逐步地优化，才是正向。

3. 标题的选词逻辑

在"生意参谋"里，打开"市场"，打开"搜索分析"，输入产品的核心关键词进行关联分析，分析那些飙升的词、热度词、竞争度较低词，尤其分析蓝海词（搜索人数大于在线商品数的词），从而找到能够快速获取流量的关键词，进行优化。

作业：请回顾你的标题选词过程，是抄袭对手，还是运用了选词逻辑？

十、流量与标签

> 能够符合标签并强化标签的可成交流量，才是优质流量。
>
> ——大圣老师

1. 优质流量的判断标准

什么流量才是优质流量呢？总的来说，优质流量要符合三个条件。

（1）符合标签

符合标签，是指获取的流量符合店铺的人群画像，根据店铺商品的受众人群，匹配相对应的精准流量。比如，你卖面条，如果在菜市场卖，价格肯定不会高，但在机场卖，就会卖出高价，面条到底值多少钱，取决于你的市场选择。如果你想卖高价，在菜市场一定是卖不动的，因为菜市场的流量标签不符合高价位段，这就是我强调流量要符合标签、要精准的原因。

（2）强化标签

能够带来更多类似的消费者购买店铺的产品，一类用户搜索关键词后成交，就会有更多相似的用户群体可以看到店铺的产品，这样的行为叫强化标签。通过强化标签的方式，使产品的曝光率提高，从而实现关联、复购，再通过不断裂变，获得消费层级更高的人群。

（3）可成交

可成交是优质流量最终的衡量标准。符合标签、强化标签都起到流量加持的作用，不能成交的流量，就不能被定义为优质流量。转化率是一切权重的第一权重，因此，获取的流量一定要是可成交的精准流量。

2. 转化率的排查

转化率排查地图

- 产品定价
- 评论问大家
- 卖点塑造力
- 基础销量
- 产品页面逻辑
- 流量精准度

店铺产品能否实现好销量，最重要的评判标准就是转化率。对于电商来说，转化率是运营店铺最核心的数据。

产品的定价、评论、卖点、基础销量、页面逻辑、流量精准度等，都会影响商品的转化率。

产品定价不合适，影响转化；评论区差评多，影响转化；卖点的塑造力低，没有购买按钮，转化少；基础销量没过安全线，不转化；页面展示无逻辑，低转化；流量精准度不够，不转化。

3. 标签的纠偏与确认

标签的背后，有一套双循环纠偏系统，用来进行标签的确认。

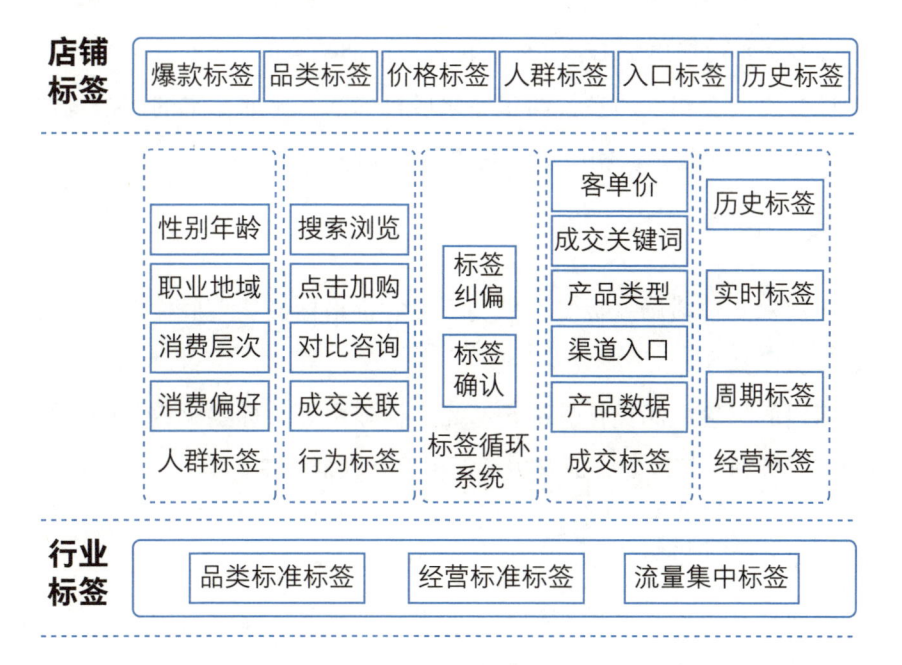

店铺标签	爆款标签	品类标签	价格标签	人群标签	入口标签	历史标签

人群标签	行为标签	标签循环系统	成交标签	经营标签
性别年龄	搜索浏览	标签纠偏	客单价	历史标签
职业地域	点击加购		成交关键词	实时标签
消费层次	对比咨询	标签确认	产品类型	周期标签
消费偏好	成交关联		渠道入口	经营标签
			产品数据	

行业标签	品类标准标签	经营标准标签	流量集中标签

通常来讲，标签分为六大类：人群标签、行为标签、成交标签、经营标签、店铺标签、行业标签。

（1）人群标签

人群标签标包括性别、年龄、职业、地域、消费层次、消费偏好等。

（2）行为标签

消费者的行为标签包括搜索关键词、浏览深度、点击、加购、对比、咨询、成交、关联等。

（3）成交标签

产品的成交标签包括客单价、成交的关键词、产品类型、渠道入口、产品数据等。

（4）经营标签

经营标签包括历史标签、实时标签、周期标签等。

标签之间会相互纠正，纠正完之后再确认，比如原来的店铺现在卖某个产品卖得比较好，相应地，它的标签会修正。

（5）店铺标签

店铺标签包括爆款标签、品类标签、价格标签、人群标签、入口标签、历史标签等。

店铺的标签由品类标签决定，品类标签由爆款标签决定，爆款标签由成交关键词标签决定，成交关键词标签受人群标签影响。

（6）行业标签

行业标签包括品类标准标签、经营标准标签、流量集中标签等，其中，经营标准标签是经营口碑值、经营的上新率。

如果你的单品标签和店铺标签不太一致，就说明一个问题，你的标签乱了，单品的人群画像和整个店铺的人群画像是不一致的。当产品流量起不来时，要排查标签是不是错乱了，这是核心点。

标签是匹配转化精准度的核心。如果你的标签乱了、标签不精准，你却不舍得强化标签，也不舍得多花费、多做渠道投放，那流量就无法起爆。

你可以打开后台，查找访客分析——访客对比。对比7天内，未支付访客、支付新买家、支付老买家三个标签是否一致，如果差别较大，说明店铺标签是乱的。

标签决定流量的精度。你的流量不精准、流量来得慢、流量比较少，一定是你在标签的强度、标签的广度、标签的精度三个方面没有做好。

标签的强度表现在强标签的成交维度高于别人的标签，标签的广度就是标签覆盖的人数，标签的精度是指标签的精准性，这三点是运营流量时非常重要的入口。

作业：请思考标签与流量的关系。

十一、流量与层级

> 在农村开奶茶店与在深圳开奶茶店，辛苦一年下来，赚钱和亏钱的限度是完全不一样的，这就是在不同层级做生意的区别。
>
> ——大圣老师

1. 店铺的层级

层级是什么？层级是流量的一个层次，是流量的密度，也就是说，你在不同层次的地方做生意，和不同层次的人交流，它的维度是完全不一样的。通常来讲，店铺在平台里分了7个层级。

打个比方，第1层级的店铺就像在农村做电商，人少，流量也少；第2层级到了乡镇；第3层级到了县城；第4层级到了县级市；第5层级到了地区市；第6层级到了省会；第7层级到了一线城市。不同的层次，决定了你能获得的流量密度。

我们把第1到第3层级称为底部商家，把第4到第6层级称为腰部商家，把第7层级称为头部商家。

店铺流量分层

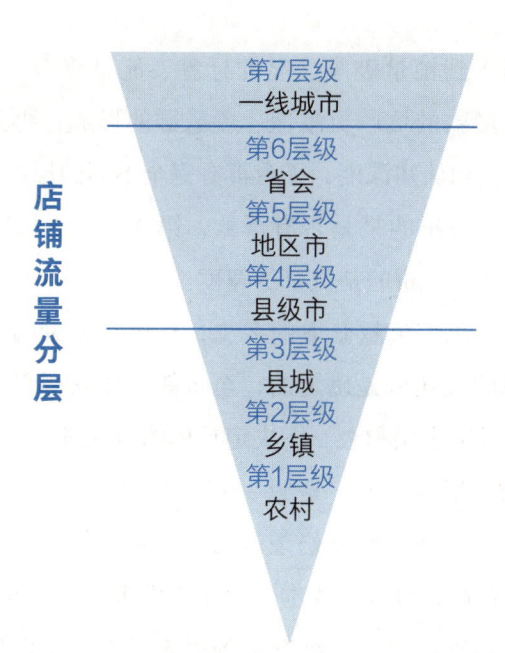

- 第7层级 一线城市
- 第6层级 省会
- 第5层级 地区市
- 第4层级 县级市
- 第3层级 县城
- 第2层级 乡镇
- 第1层级 农村

平台的战略逻辑是：扶持头部商家，稳定腰部商家，照顾底部商家。第1到第3层级拿到的是测试性流量，第4到第6层级拿到的是精准流量，第7层级拿到的是综合性的优质流量。从流量的分配比例来看，平台将40%的流量给到第7层级商家，将40%的流量给到第4到第6层级的商家，将20%的流量给到第1到第3层级的商家。底部商家占比是最多的，但是它们只能抢到平台20%的流量。

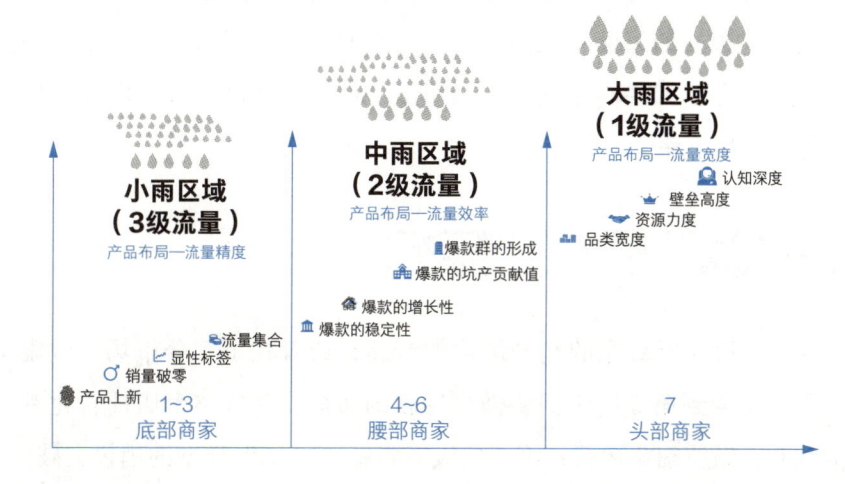

小雨区域（3级流量）
产品布局—流量精度
- 流量集合
- 显性标签
- 销量破零
- 产品上新

1~3 底部商家

中雨区域（2级流量）
产品布局—流量效率
- 爆款群的形成
- 爆款的坑产贡献值
- 爆款的增长性
- 爆款的稳定性

4~6 腰部商家

大雨区域（1级流量）
产品布局—流量宽度
- 认知深度
- 壁垒高度
- 资源力度
- 品类宽度

7 头部商家

从产品上新，到销量破零、显性标签、流量集合、爆款的稳定性、爆款的增长性、爆款的坑产贡献值、爆款群的形成，再到品类宽度、资源力度、壁垒高度和认知深度，平台都有完全不同的层级流量标准。

第1到第3层级拼的是是否有爆款，第4到第6层级拼的是爆款的流量利用率，第7层级拼的是流量的宽度。

店铺层级并不决定流量获取的多少，只决定流量的天花板。在一定的流量池里，你的天花板是确定的，至于能不能获得更多流量，并不确定。因此，层级只决定层和级，不决定具体的数和量。

你可能会问：层级提升，流量一定会提升吗？原则上是会提升的，但事实上未必。就像在县城开奶茶店与在市里开奶茶店，大概率市里比县里赚钱，但也存在县里因为成本低而比市里赚钱的情况。

所以，有些商家从第4层级突破到第5层级，发现免费流量没有上升，反而下跌了，原因可能是第5层级的竞争对手更强了。跃升了一个层级，对手变强了，而你还在原地踏步，没有相应的竞争力，就不一定能获得更多流量。

2. 如何判断店铺流量是否被层级压制

打开后台，点击访客趋势，对比自己店铺的访客是否高于同行、同层级的访客数，如果没有比同行、同层级的高，说明店铺在层级内的流量获取不充分；如果高于同行、同层级，说明需要破层级，层级已经限制了你的流量上涨。

3. 第1到第7层级店铺的底层逻辑

第1到第3层级靠的是升级化的产品，或者找个细分市场，做模仿和迭代；第4到第6层级需要做多爆款的布局，完成整个店铺转化率系统的跃升，做精细化运营；第7层级需要做"1×N"模型的销售突破。

第1到第7层级店铺的底层逻辑

层级	选拔方向	1级权重	能力匹配	销售突破	攻守姿势
第7层级	增长产能	流量承载率	企业综合实力	1×N	壁垒建设
第4到第6层级	增长效能	转化增长率	品类竞争潜力	1×10000 100×100	系统精密
第1到第3层级	增长可能	点击增长率	产品选择能力	2.0产品 0.2产品	模仿迭代

作业：请思考层级与流量的关系。

十二、流量与布局

> 布局决定流量入口，也决定了流量的关系联动网。
>
> ——大圣老师

一个人的努力并不能决定其能获得财富的多少，人之间的差别和努力并没有必然的关系，而是和布局有关系。

1. 流量与布局的关系

布局需要整体观，要选兵点将、排兵布阵，这是将帅级的思维，任何一个决策者都要有布局能力。

运营与推广最大的区别就是运营是有整体观的，而推广只是在某一个产品、某一个入口上做思考。

布局决定流量入口，也决定了流量的关系联动网。两个品类之间是需要布局的，布局决定了产品能不能实现流量的联动和嫁接。一个店铺有多少个高效产品，覆盖多少个流量入口，也决定了流量的充沛度。

通常情况下，我们要在很多产品下面做关联，比如产品的扩张，首先要扩张和我们主营品类关联度较强的品类，其次扩张竞争对手较少的品类，最后扩张产品差异化能打起来的品类。产品的扩张不是随便做的，要有一定的顺序，布局就是从整体视角来思考流量到底该怎么做。

2. 标品的流量布局

标品流量三级火箭布局

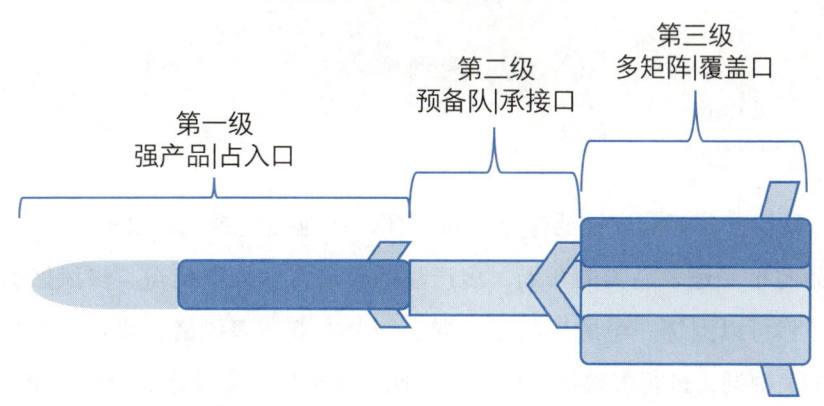

第一级 强产品|占入口

第二级 预备队|承接口

第三级 多矩阵|覆盖口

标品的流量布局像火箭的构造一样，有三级的布局标准。第一级是又长又具有进攻能力的，一定要有强产品战略，这个产品能够获得更多流量，能够打到前三名，用强产品占入口流量。

第二级叫预备队，随时等待某个爆款的衰亡。因为标品最容易被同行抄袭，只要做到了类目前列，就会被其他商家低价围攻，所以标品不一定能守得住。在这种情况下，就要有预备队，及时地把你的标品流量给嫁接出去，及时地准备新款产品。

第三级布局就是你要有更多关键词属性的覆盖，这样整体规模才会变大，不然只依赖一个爆款，就十分危险。

3. 非标品的流量布局

非标品的流量布局是地雷式的，消费者进入店铺，他不可能一看到这个产品就买了，他可能去看关联，看店铺里的其他产品，看能不能买两件、买三件，回去试一试。比如，他看这个灯不喜欢，可能进去看更多的灯；看这个茶具不喜欢，可能会看更多的茶具；看这条裤子不喜欢，可能会看更多的裤子。

非标品流量地雷式布局

基本款中的特色款+小众款中的常规款+多属性+多入口+多需求=地雷式覆盖度

所以，非标品店铺要像排地雷一样，在他必经之地埋很多"雷"。非标品的布局是多品类的布局，多产品的布局，多人群覆盖、多风格的布局。你可以围绕一个风格的多人群、一个人群的多风格，或者一个品类的多关键词，进行多属性、多需求的地雷式布局，完成你的全年动销。

4. 半标品的流量布局

半标品流量赛马布局

海选赛马+重点养马

对于半标品来讲，布局是赛马模式，各种各样的马，看谁跑得快，先海选赛马再重点养马，通过这样的方式来完成你的布局。在产品上是散开的，在运营上是聚焦的，这是半标品的布局逻辑。

大多数 TOP 电商地位稳固的原因，都是在布局上与同行拉开了差距，以整店来赋能其核心爆款，以核心爆款联动其店铺其他产品，由此形成双引擎的流量循环效应，保持其地位稳固。

如果店铺只有一个爆款，是一定做不长久的，一定要有一个爆款体系、布局体系。你只有站在布局的角度思考，才能真正地成为大店的经营者，否则你只能是一个会打爆款的卖家。

作业：请问你的店铺布局和你的同行有多大差距？宝贝数量对等吗？价格的覆盖关系准确吗？关键词的覆盖水准一致吗？

十三、流量与价格

> 价格如同堤坝的高度,价格高低也影响着流量的速度与量级。
>
> ——大圣老师

定价其实就是在筛选人群,筛选人群就是在筛选流量,因此,流量和价格有很大的关系。比如,高客单价产品的付费都比较高,低客单价的产品如果获得不了免费流量,就很难赚到钱。

价格是竞争利器,价格的高低和流量的获取度、获取方式都有一定的关系,价格决定了流量的多少和速度,所以说"定价就是定生死"。价格相当于商家设的一个堤坝,这个堤坝越高,对流量的要求越高。很多商家得不到流量,有一部分原因是和定价有关。

举个例子。一个学员在餐饮具市场里选择了极小的市场——筷子,在筷子里面,他又选择了一个极小的价格段——100 元以上的价格段,在这个价格段里,他只做红木筷子。红木筷子的受众人群是很小的,付费很高,免费流量很少。他只能靠付费获得精准的流量才能获得转化。我给他的建议是:围绕人群拓展品类,或者围绕产品拓展人群,同时,改变价格的受众人群,将价格做得多元化一点。

在上册"定准利润"中,我提到了商品力模型,其中第四个指标是价格力，它是所有指标的总开关，同时影响着其他三个指标，并进一步影响流量。

这里结合流量的获取，我介绍一种定价法，叫价格重叠法。做一张表格，把行业的关键词、主搜关键词都列出来，然后去搜索这些关键词。比如搜"双肩包"，找出综合排序中展示出来的价格段。再搜索"双肩包女士"，查看价格段的展示。用同样的方式再去搜索"双肩包印花""国潮风双肩包"等，将所有关键词统计出来，查看哪个价格段能覆盖最多的坑位。

假设不管搜什么关键词，138元到168元价格段都能覆盖最多的坑位，那么这个价格段就是展现概率最大的、覆盖最多的价格段。你可以将产品价格定在这个区间，这就是高展现的叠加入口。

作业：请用价格重叠法给自己的产品定价。

十四、流量与新品

> 为了鼓励商家创新和建立持续吸引客户的货品系统,所有电商平台对于新品都有流量扶持期。
>
> ——大圣老师

新品,更准确的定义是新一代的产品,是新包装、新颜值、新设计、新功能的商品。每一个电商平台为了让大家养成在这里做生意的习惯,都会对新出现的品类、产品有一定的流量扶持,如抖音对新注册的账号、新入驻的商家、新上的链接都有流量的扶持。

流量扶持期非常重要,其间我们可以让产品上新达到事半功倍的效果。

1. 新品的打标

新品是由系统来判定的,刚发布的宝贝,只要有全新的 ID、全新的编码,就算新品。

新品一般有考核期,不同的平台不一样。例如,亚马逊是 2~3 个月的新品扶持期,而淘系对新品的定义是上新 21 天以内的商品,在 21 天里,如果新品的反馈很好,它会再给延展期。

淘系以 7 天为一个循环，新品的周期可以划分为 7 天、14 天、21 天，其中最重要的考核期是第 7 天和第 14 天之间。前 7 天，新品可能没有很多的流量，做的是一些基础的销量优化，是纯测试阶段，这时，平台就会给所有上新的新品流量测试包，也叫原始展现包，用来做新品扶持。

平台根据新品拿到的原始展现包，以及获得的点击、转化、加购、收藏，来判断新品在行业里是否有潜能，如果觉得有潜能，就会分发更多的免费流量。

在第 7 天到第 14 天，有了一定基础的新品的流量就开始多起来了，这个时候平台会看它的点击率、点击增长量，如果能跟得上，接下来的流量获取度就很 OK 了。平台最重要的考核期就在这个阶段，关键就是做流量的递增、新品标签的递增。

当新品扶持期有明显的标签成交时，店铺的钻石打标就完成了，打标完成之后，流量就开始趋于稳定。

2. 上新的重要性

> 上新意味着店铺在持续经营
> 上新意味着企业有产品规划
> 上新意味着能吸引新老客户
> 上新意味着商家在创新产品

平台会考核店铺的上新率。上新率指店铺 30 天内上新的次数，以一天为单位计算，如果 30 天内都有上新，那么，上新率就是 100%，因上新而增加的权重也会非常高。

在平台的考核指标里，上新率不是最重要的，但是对于大多数标品来说，上新率有个基本的考核值。上新率有没有做到 30%~40%，甚至 50%？如果有，就说明你的店铺是一个持续靠新品驱动的店铺，平台会给你更多的流量。

上新率高不一定好，上新多也不一定好，我们要上精品，精品最关键。一切行为都要建立在是否具有流量利用率的大前提上，如果多次上新（连续4次上新）均无好的反馈，则说明店铺的选款能力较差，浪费了平台展现，平台可能会停止新品扶持一个周期。

上新最重要的动作是短期内破零，最好3天能破零，最晚7天要破零，如果当天破零就更好了。要是长时间无法破零，就说明这个宝贝上新无效。

流量层级下滑时，店铺可以通过批量上新激活权重。上新可以优先在手淘首页、在综合排序里、在很多优质的窗口去展现，上新品还有利于店铺做多渠道运作。

作业：如何理解新品布局与流量运营？

十五、流量与竞争

> 流量不是买过来的，而是抢过来的。
> ——大圣老师

花钱买到了位置，流量也不一定会来，因为"流量不是买过来的，而是抢过来的"。

商家要树立一种价值观，即产品能抢流量、视觉能抢流量、推广能抢流量、赛道能抢流量。

何谓"抢"流量？

与时间抢跑
用费用抢夺
靠优势抢夺

1. 与时间抢跑

第一个抢的是时间，也就是优先在对手没有发现的赛道里去拿流量。比如，大家都在做淘宝，没有人做抖音，这时，你布局抖音，对手很少，就容易获得流量。别人都在做普通灯的时候，你先做智能灯，这也叫抢时间。做生意就是在做时间差，抢时间是一个非常重要的策略。别人只会开直通车，那我开引力魔方；别人没有万相台，我就用万相台，流量就是靠时间差抢过来的。

2. 用费用抢夺

要用费用抢流量。一个卖家一天只花 100 元做直通车，另一个卖家一天花 1 万元做直通车，就算前者的产品有差异化，后者也能干掉前者。后者给平台交的"保护费"多，平台会优先给它流量，只有前者的产品差异化做到了极致，可以快速地把销售额做起来，才能弥补流量的差距。

消费者一定是在搜索的过程中找到你的宝贝，平台一定会优先展示付费的宝贝。免费搜索流量本来很大，一开万相台搜索流量就会下滑，这也从侧面证明了流量是靠付费抢过来的。付费能抢免费的流量，付费多可以带动免费流量，可以抢来对手的免费流量。

3. 靠优势抢夺

第三个就是靠优势来抢对手的流量，优势是指压倒性的优势。视觉做得好、产品质量好、性价比高，就一定可以抢来流量。

在考虑流量是否容易获得的时候，要评估一下竞争的难度系数，要看价格弹性和品牌浓度在什么维度，就知道我们选的市场是不是一个优质的市场。

十六、流量与爆品

> 平台的流量是马太效应供给制，因此爆品战略是电商的核心战略。
>
> ——大圣老师

在电商里面，所有的流量都高度集中在爆品上。对于大多数商家来说，做爆品是非常重要的一件事，必须理解流量与爆品之间的关系。

为什么你的流量不精准？为什么你的流量不稳定？为什么你的流量少？这一切的原因都来自店铺没有非常具有竞争力的爆品。

一个店铺只有形成了爆品的布局，才能获得稳定的流量供给，才能拥有比较精准的匹配标签。流量绝大多数依赖于爆品，而且只有做成爆品才能获得大的流量。

平台的流量是马太效应供给制，它会让卖得好的商品卖得更好，卖得不好的商品越来越不好。对于中小卖家来说，最开始做的就是聚焦在一个具体的赛道上，找到具体的竞争对手，用非常具有竞争力的产品打败它，然后打出爆款。

电商强调的是产品的精准度、精致度，它强调的是精品，而不是你的产品数量。因此，爆品战略是电商的核心战略。

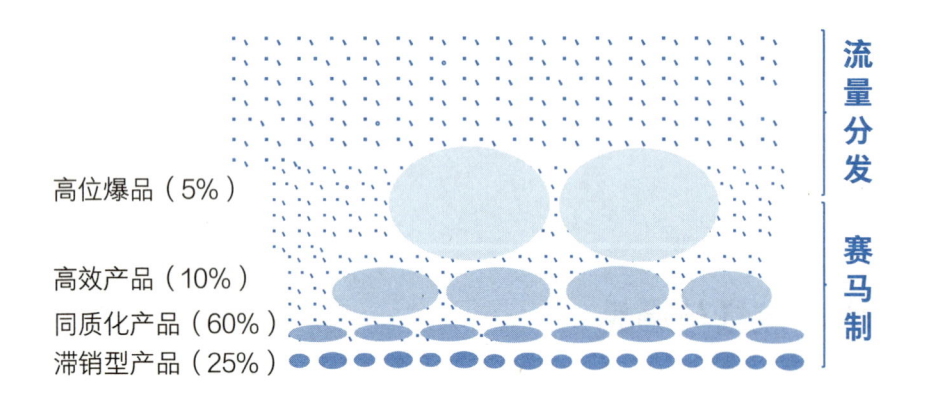

高位爆品（5%）
高效产品（10%）
同质化产品（60%）
滞销型产品（25%）

流量分发　赛马制

平台是个流量池，可以理解为上图展示的大雨形式的分布池。流量是在平台的赛马机制下，按照产品的层级进行分发。一般情况下，产品分为四个等级。

1. 滞销型产品

上架后的产品，一个月内没有销量，我们称作无效上新，这样的产品就是滞销型产品，占比为25%。

2. 同质化产品

同质化产品在电商里特别多，在电商平台找同款和找相似款，会发现大多数的宝贝都有同款，相似款也是数不胜数，占比为60%。

3. 高效产品

高效产品大概占10%，它能高效率获得平台的流量倾斜，得到高于行业标准的流量。

4. 高位爆品

一个产品如果具备了爆款的潜质，又是高转化，增长速度也非常快，那么这个产品就成了高位爆品。它的位置会逐步地通过各种各样的排名做上去，相应地会获得很大的展现。全网只有 5% 的产品能够成为位置比较高的、坑产比较大的爆品。

这样的流量分发结构，意味着店铺的选品最重要，你变不成爆款，一切都是白打。我们要思考的是产品差异化，需要从产品里面思考价值。电商就是这样，最终的目的都是做爆款。很多商家在同质化产品里和别人拼价格、拼广告费、拼淘客、拼刷单，这种做法赚的是辛苦钱，而我们要打价值战，不要打价格战。

爆款起爆 10 问

1. 为什么同一个产品，A 店能爆，B 店不能爆？
2. 为什么同一个产品，此时能起爆，换个时间则不行？
3. 为什么产品很有差异化，却做不起来？
4. 为什么对手产品很一般，质量没我好却能卖爆？
5. 为什么明明产品测试数据很好，却做不起来？
6. 为什么对手的产品不怎么推广，就能卖起来？
7. 为什么同款产品，我先操作他后操作，但他的流量比我多？
8. 为什么我的销量排序比他高，免费流量却比他少？
9. 为什么我的各项数据都比他好，流量却没他多？
10. 为什么对手这样做可以，我这样做却没效果？

以上是电商在做爆款时常常遇到的问题，本章接下来会结合这些问题，详细讲解打造爆款的底层逻辑和实战方法。爆款运营是一项系统工程，涉及很多方面，我们先从爆款的选拔机制讲起。

作业：认真思考你的店铺和所在行业的爆款逻辑。

十七、爆款的选拔机制

> 任何一个产品变成爆款都要经过一套双海选的选拔机制。选拔机制是在不同的选拔体系下，按照选拔标准给予流量的供给。
>
> ——大圣老师

昨天 今天 明天

当下的呈现界面

客户实时海选
浏览
点击
停留
加购、收藏
成交
连带

坑产均值
结构均值
增长均值
热度均值

系统的周期性海选

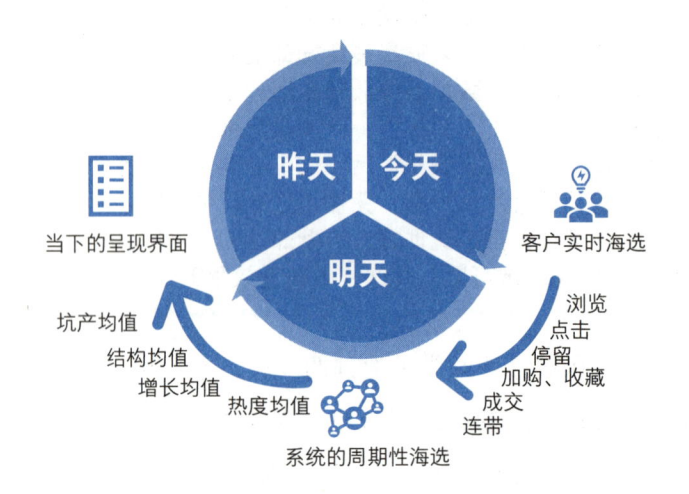

一个系统有一个算法。系统有三天，分别是昨天、今天和明天。消费者搜索"袜子"时看到的界面，是昨天经过无数海选之后统计出来的暂时的排名结果。消费者点击甚至加购、成交了，是对这个页面采取了今天的行为，叫实时海选。每个人在搜索"袜子"时，都会进行浏览、点击、加购、收藏等动作,这些数据就是明天可能会产生的数据。消费者的每一个动作都给这个产品打了权重,让它在系统里的权重有所变化。

消费者点了它、浏览了它、购买了它,它就能排名靠前吗?不一定,要看综合排序。更重要的是点击率,点击率越高,综合排序越靠前,但不能为了提高点击率拼命地对一个宝贝进行点击,因为一个IP对这个宝贝的多次重复操作是没有用的。

平台有个周期性海选的规则,单一IP地址拼命地操作是没有用的。为了保证公平,平台会用不同的周期来选拔,如2小时、3天、7天、14天、28天等。2小时的对比,就可以决定你的综合排序,一天下来就可以改变明天的排名。

1. 热度均值

平台用3天或5天来观察宝贝的点击热度,一个宝贝的点击率是2%,另一个宝贝的点击率是3%,那第二个宝贝的热度高,流量获取就多。

2. 增长均值

平台的流量倾向于业绩增长快的宝贝。宝贝的业绩增长速度快,它的流量均值就会大。

3. 结构均值

一个宝贝不仅能成交这个词,还能成交很多别的词,那么显而易见,它的流量比例就大。

4. 坑产均值

坑产均值最终决定一个宝贝到底能够排在什么位置。

一个宝贝经过消费者的权重投票（实时海选）和平台的行业标准比对（系统的周期性海选），最后按照数据赛马机制把你的宝贝选出来，这就是平台的爆款选拔机制。

你的产品不仅要在消费者的眼中受欢迎，还要在系统中突出，能跑赢别人才能变成爆款。如果你只是单一地思考某一个维度的问题，那么你的产品只能在一个标准里面被选出来，而无法经过双海选机制被连环性地选拔。这两套海选机制是连环的，它是轮换式的、螺旋式的双循环，所以一个爆款的诞生非常不容易。

为什么只有5%的产品能变成爆款？并不是指市场上只有5%的产品是好产品，而是指大多数产品没通过双海选机制的考验。选产品既是为客户而选，也是为系统而选。

作业：请思考你在打爆款的过程中，是不是按照这两套选拔标准做权重运营的？

十八、爆款的换位逻辑

> 理解了爆款的换位逻辑，研究透竞争对手的一举一动及其背后的意图，你自然就具备了运营爆款的全局思维。
>
> ——大圣老师

爆款有一套选拔体系，各个产品的位置是随时发生变化的，所以你必须知道你的产品能不能被选上、能在爆款位置待多久与竞争对手有很大关系。

有些学员会问：为什么一个爆款原来好好的，在行业里排前几名，计划也没有任何调整，广告费也没有任何下降，突然间流量开始下滑。之后加大广告费，加大投流，流量还是救不回来？

这其实就是平台出现了换宝贝的竞争，有以下三种情况：

第一，大促时流量下跌，比如618、双11来临之前，平台为了鼓励大卖家备货、做推广、搞业绩等，就会割中小卖家的肉，那些第4层级以下的卖家流量就会往下掉。

第二，爆款的生命周期结束了，节点过了，比如夏天你还在卖秋天的卫衣，流量肯定会下降。

第三，你的类目里出现了一个能够完全替代你的靠前位置的宝贝，平台进行了换宝贝的动作，流量就会下滑，典型的情况是通过付费也拉不回流量。

还有一些学员问：我的销量比他高，为什么免费流量没有他多？

要回答这个问题，你就得明白爆款的换位逻辑，要清楚平台是怎么分配爆款与爆款之间的流量占比的。事实上，所有的流量都是根据坑产价值来分配的。

假设 a 宝贝客单价是 29 元，月销 5000 件，b 宝贝客单价是 58 元，月销 3000 件，两个宝贝的成交关键词都相同，你觉得谁的免费流量会多？答案是 b 宝贝。因为 a 宝贝的销售额小于 b 宝贝的销售额，显然 b 宝贝的坑产更大。每个坑应该产生多少业绩都有规定，谁产生的业绩多，谁的流量就大一点。

位次	坑产
第1位	300万元
第2位	260万元
第3位	150万元
第9位	180万元
第13位	120万元

上图中，排在第 1 位的宝贝带来的坑产是 300 万元；第 2 位的坑产是 260 万元；第 3 位的坑产是 150 万元；第 9 位的坑产是 180 万元；第 13 位的坑产是 120 万元。第 9 位的坑产比第 3 位的坑产大一点，这说明一个问题，第 9 位的免费流量很可能超过第 3 位。如果它们的人群、成交关键词属性是一致的，那么第 9 位获得的免费流量会多。如果它们的人群不一致，那么在第 9 位的客单价价格段里，它就是行业第一，它的免费流量占比值一定超过第 3 位的免费流量占比值。

比如在"床上四件套"这个市场里，按照综合排序，平台更愿意展示那些 UV 价值高、上升速度快的产品。你在淘宝里面搜索一个宝贝，看了一眼这个宝贝之后并没有购买，再回去搜关键词，发现它就出现在这个综合排序里面了。因为你看过它，它就会优先展示，所以淘宝优先展示浏览过的宝贝。

淘宝的规定是按照销量排序时，有些类目要适当展示一些高客单价的产品（除了全部是低频市场的类目）。如果大部分产品卖 39 元，你的产品卖 69 元，那即使你的销量没那么大，也有可能排到前面。

按道理位置越高，点击转化率越高，假如平台发现第 9 位宝贝的点击转化率远远超过第 3 位，同时第 9 位宝贝有一定基础的销量，那么平台就会认为第 9 位宝贝如果排到第 3 位，就有机会卖得比第 3 位更好。当平台这么认为时，它就会把第 9 位宝贝的综合排序位置排得和第 3 位宝贝一样，给到足够多的流量展现，看它在一个时间段内会不会转化更多。

做第 9 位宝贝的商家在这个时候会想办法做好转化，甚至可以在价格上做一点牺牲，让平台发现店铺的转化做上去了，平台就可以确定这个宝贝在综合排序中点击转化表现优秀，能扛得住大流量，这个宝贝就可以取代第 3 位宝贝了。平台开始不断地把第 3 位的免费流量慢慢抽走，逐步地把它的免费流量以及综合排序的大部分流量都给第 9 位宝贝。

因此，你的宝贝的点击转化没有改变，流量却莫名其妙下跌，开直通车也救不回来，就说明一定有一个宝贝在取代你。

作业：根据爆款的换位逻辑，制订超越对手的爆款计划。

十九、爆款的识别逻辑

> 平台在选拔爆款时，对爆款有明确的筛选标准，我们去做一个产品时，也需要了解爆款的识别逻辑。
>
> ——大圣老师

1. 什么是爆款？

爆款是指在同一个赛道中能跑赢竞争对手，且具备坑产贡献能力的产品。它的典型特质是具备流量集中效率。爆款的本质其实就是流量获取的效率。

（1）同一赛道

首先要同一类，比如卖鸡蛋的和卖袜子的肯定不是竞争关系，没有办法比较它们之间的权重。

其次要同价格段，就像 100 万元房子和 1000 万元房子的人群、地段、诉求点都不一样，就不算同一个赛道，不在同一个流量池，比较点击率、转化率没有意义。

再次要同类人群画像，人群画像不一样，也不能算同样的竞品。比如，女士的美白面膜和男士的美白面膜，人群肯定是不一样的。

最后要同类的竞争水准，品牌知名度、市场占有率、市场层级等各个维度都在同一个赛道。如果你是第3层级，就可以找一个第4层级、第5层级的对手，这样才在同一竞争水准线上。

（2）跑赢竞争对手

首先是增长率，你的增长率是1%，他的增长率是2%，那他就有机会跑赢你。在同一个赛道里，商家拼的是动销率、动销增长率、动销额度，也就是我们所说的增长率。

其次是增长额度，增长率高不代表增长额高，也就是每天的销售额增长多少。

最后是增长速度，如果你每天都增长1%，但对手是1%、2%、3%地增长，很明显对手的增长速度比你快。

平台给两个宝贝分配流量时，考核的三个指标就是增长率、增长额度和增长速度。这三个指标同时决定流量获取效率，而不是单一维度决定的。

（3）坑产贡献能力

增长额越大，坑产贡献越大，但增长额只是增长了部分额度，而坑产是指历史数据加上增长。坑产贡献能力是平台判断产品是不是爆品时最终的核定标准。

在电商界有一句话：如果一个宝贝只能转化细分关键词、长尾关键词，那它很难变成爆款；如果它能转化二级词，它可能是个高动销产品；如果它能转化大词、消化大词，且在行业标准之上，那它一定是个大爆款。能消化大词说明它的刚需覆盖面一定广，什么人搜索这个词都愿意买它，说明产品竞争力一定强，它的流量利用率也一定高，这种产品拥有标志性的大爆款基因。一个坑产贡献能力强的宝贝一定能够承载大流量。

成为爆款的4个步骤

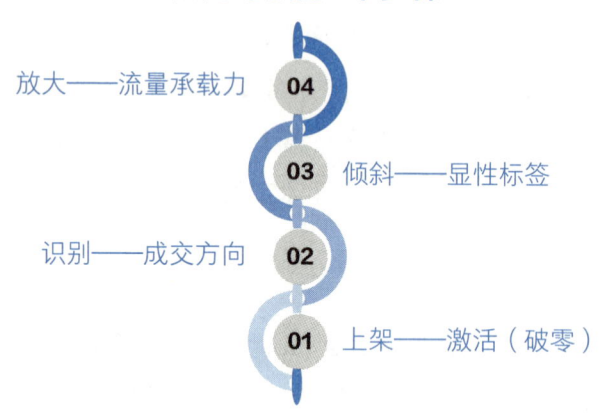

- 04 放大——流量承载力
- 03 倾斜——显性标签
- 02 识别——成交方向
- 01 上架——激活（破零）

2. 产品走向爆款的4个步骤

（1）上架——激活（破零）

上架后，你的产品会自动生成一个ID，有一个类似身份证的编码。产品拥有ID，就能被识别出来，比如什么类目、什么产品、什么客单价、什么属性，平台会知道有个新品诞生了，这时就到了新品扶持期。扶持期最主要的是破零，如果不破零，这个ID就等于没激活，就像在《王者荣耀》里注册了账号，但是你从来没有选过角色、组过队，这个账号就是没有激活的账号，没有任何价值。破零才是有价值的，代表产生了有效产品。

（2）识别——成交方向

随着推广投入，流量测试包开始消耗，不断优化点击、转化、评价，成交额开始变多。这时这个爆款就会被平台识别出来，它的成交方向越确定，它的流量就越稳定。平台会根据产品的贡献方向给到对应人群的展现，这时产品就进入了被识别的阶段，有明确的、稳定的成交标签，也叫作成交方向。

（3）倾斜——显性标签

如果在这个过程中，你产品的标准成交效率能跑赢竞争对手，那么平台就会给你分配更多的流量。你的宝贝是否能进入流量倾斜的赛道，需要看它是否有显性标签。显性标签，即突出的属性标签，这个突出的属性一定要高过你行业的增长率、增长额度及增长速度。如果你的店铺里面突然有一个关键词，那么你就会拿到这个关键词充沛的流量倾斜。

（4）放大——流量承载力

如果你在关键词上的成交还不错，但是流量放大后，跟同赛道的对手对比，你的点击转化很快掉下来，那么你就无法成为大爆款，只是一个小的动销产品。这一步是你的产品变成爆款的关键。

在你进入倾斜赛道之后，平台会给你放大流量入口，给你更宽泛的流量。你的产品一定要从标签强度走向标签广度、标签深度，当你的标签从显性标签变成广度标签、深度标签时，你才能真正地成为爆款。

作业：什么样的产品才能做到流量集中效率高？

二十、爆款的判定公式

> 掌握爆款判定公式的价值在于快速识别出潜在爆款产品，判断我们是否给此产品投入大兵力。
>
> ——大圣老师

产品规划要点

低点击低转化	高点击低转化	高点击高转化	低点击高转化
滞销款	潜爆款	爆款	次爆款
及时清仓 打折赠送 复盘原因	优化定价 优化卖点 优化竞争力 做关联相似	重兵聚焦 销量递增 投流递增	优化主图 优化位置 优化文案
清理	关联	支持	优化

商家要有产品规划意识，要预判产品的结局，如果是滞销款，就及时清仓等；如果是潜爆款，就优化定价和卖点等；如果是爆款，就重兵聚焦等；如果是次爆款，就优化主图、优化位置等。

掌握爆款判定公式的价值在于快速识别出潜在爆款产品，就是在产品没有爆起来之前，就要知道它会爆。

1. 流量集中效率

流量集中效率主要包括点击效率和转化效率。点击效率是指点击率、点击量和点击增长率；转化效率是指转化率、转化量和转化增长率。

点击率是流量第一率，只要有点击率就有流量，没有点击，一切都没有办法展开。转化率是权重第一率，如果你的产品想具备权重，那就得有转化。

展现量	点击率	转化率	客单价	销售额	撬动系数	7天衰减	加权展现	销售额
100000	1%	1%	100	1000	0.25	0.25	25000	250
100000	2%	2%	100	4000	1	1	100000	4000
100000	3%	3%	100	9000	2.25	2.25	225000	20250

举个例子。原始展现量都是 10 万，a 宝贝的点击率是 1%，转化率是 1%，客单价是 100 元，销售额是 1000 元；b 宝贝的点击率是 2%，转化率是 2%，客单价是 100 元，销售额是 4000 元；c 宝贝的点击率是 3%、转化率是 3%，客单价是 100 元，销售额是 9000 元。在同样展现量的情况下，三个宝贝的销售额差距很大。

相比之下，c 宝贝会获得更多的流量，而 a 宝贝获得的流量会很少。接下来，根据行业均值（点击率为 2%、转化率为 2%），a 宝贝的撬动系数是 0.25，c 宝贝的撬动系数是 2.25。根据 7 天一个周期和撬动系数的匹配，平台只会给 a 宝贝 25000 的加权展现，给 b 宝贝 100000 的加权展现，给 c 宝贝 225000 的加权展现。

按照这个结果继续加权下去，在第二个 7 天的时候，a 宝贝只卖 250 元，b 宝贝能卖 4000 元，而 c 宝贝却卖到了 2 万多元。

由此可见，流量并不是买过来的，而是抢过来的。a 宝贝用更高的付费也不一定会获得更多流量，因为它的点击效率、转化效率太差，浪费了平台流量。

所以说，流量集中效率强调的就是商品的点击效率和转化效率。

点击率低，平台会削弱你的展现量，点击率越差，越没展现，效果就越不好，长此以往，就形成了一种恶性循环。

2. 爆款的判定公式

根据上面的分析，销售额想要做大，其实有四个维度：
第一，点击率做强——获客战略——引流能力；
第二，展现量做大——赛道战略——市场载力；
第三，转化率做多——价值战略——成交效率；
第四，客单价做高——品牌战略——锁客效率。
从这些维度，我们得出爆款的判定公式：

$$爆款 = 高点击 \times 高转化 \times 高坑产$$

高点击说明选款没问题，消费者喜欢，能很快地发现你的商品，展现效率就比别人强；高转化说明产品有性价比，是有价值的刚需产品；高坑产意味着产品可以成为大爆款。

判断一个产品能不能打爆的核心就看它能不能在赛道里完成这"三高"，只要它是"三高"的产品，我们就可以大推特推。

你店铺里面高点击、高转化的产品，有的时候不一定是爆款，但是站在行业的角度，如果能高过行业标准，那就是爆款。点击率高于行业1.5倍，转化率高于行业1.5倍，这种产品能在流量放大的过程中递增，后续也一定会做爆。

作业：你的店铺高点击、高转化产品是哪些？都能变成爆款吗？

二十一、爆款的基因植入

> 我们根据爆款的判定公式可以找到爆款，但最重要的还是要找到爆款的基因。我们只有了解爆款的基因，才能在众多的产品中找到可以成为爆款的产品。
>
> ——大圣老师

每个快速崛起的企业都在布局暴增点——行业增长率。暴增点就是爆款的基因，也是电商低成本崛起、快速盈利、持久具备竞争力的唯一真相。

举个例子。我的一个学员做宠物粮的生意，店铺的业绩很一般。后来我和他一起研究宠物用品的大盘，发现整个宠物用品市场里，爆款增长速度最快的根本不是宠物粮，而是宠物穿的衣服。我让他赶快去布局，刚好这个学员有类似的供应链，在他快速布局了这类产品后，宠物衣服行业的暴增点不断上升，很快就做出了爆款。

爆款本身一定是符合暴增点逻辑的，当你找到行业暴增点后，推广就是水到渠成之势。如何去挖掘暴增点，把暴增点植入自己的产品体系，让那些带有暴增点的产品变成爆款，是运营需要具备的重要能力。

有个学员做的是大胸显小的文胸市场，显瘦是消费者的刚需。他的店铺业绩做得不是很好。我给他分析了行业里做大胸显小市场的店铺，把它们的流量、搜索位置的排序进行了归纳，将7天访客做了统计。在辅导的过程中我发现了一个问题：排第3位、第4位、第5位店铺的流量分别在7000、2000、4000左右，而排名第12的店铺数据非常高，有将近4万的访客。

按照常理说，搜索位置和免费流量配比应该是一致的，位置越高，免费流量应该拿得越多。这里出现搜索位置与免费流量配比不一致的情况，说明这个宝贝一定带有暴增点，平台给足了流量支持。

于是我们研究这家店铺，结果发现，它和竞品不一样，竞品都是类似的文案，如大胸显小、好穿到哭等。而这个产品的图片是白底图，是一张特别性感的图片，文胸的质地透气、有蕾丝、看起来性感，跟一般的文胸形象不一样。

紧接着，我们马上提炼出大胸显小文胸的爆款基因——透气、蕾丝、性感、舒适度高，并让学员进行1∶1的基因植入。最后他做出了全罩杯、透气、显小、固定、舒服、性感的文胸，一上架就取得了很好的业绩。

有个学员是做女鞋的，业绩做得很一般，后来学会了研究爆款基因，做出了爆款。他把类目里的所有关键词属性找出来，进行数据对比，就像对行业做了一个基因扫描。他要知道：漆皮好卖，还是真皮好卖？漆皮的增长率是多少？真皮的增长率是多少？学院风好卖，还是英伦风好卖？等等。他发现学院风没有英伦风好、尖头比圆头好、粗根明显比方根的坑产更大等。他尽可能地让他的产品带有所有暴增点，暴增点越多，爆起来的可能性越大，增长速度越快，权重越高，爆款存在的周期越长。

那么，我们如何提炼暴增点呢？具体有四种方法。

（1）分析位置与搜索流量不一致的产品

位置与搜索流量一般是一致的，如果不一致，就要去分析为什么它的流量多。发现行业内流量异常的宝贝很重要。

（2）找到大盘增长超过行业标准的产品

大盘增长属性非常明显的产品，也容易成为爆款。你可以研究这类爆款，找到它们的爆点。

（3）拆解对手的爆款属性

当与对手的爆款高度同频时，你可以拆解同类的属性，进行爆款基因的提炼。

（4）分析上升店铺和上升宝贝

有很多流量增长速度很快的宝贝，它们的属性是高度雷同的，这也是一种暴增点。

作业：请归纳、组合基因属性，植入自己的产品。

二十二、爆款的正确测法

> 打爆款最大的成本就是重来、重做。所以打爆款的第一件事情就是剔除伪爆款。
> ——大圣老师

我大部分讲的是爆款的选择、爆款的判断、爆款的测定，因为选择不对，努力白费。判断不准，你会发现一切都很难做起来。

下面是我的学员的一些观点，每个人在选款和测款上都有不同的方法：

- 我们是标品，款是不用测的，市场已经检验过了，测图是锁定竞品及核心关键词，判断标准是：高于竞品（能超1.5倍更好），高于核心关键词的大盘点击率。
- 测款主要看收藏率、加购率、转化率三个指标，与店铺其他产品横向对比，综合三项数据较好的，再结合市场体量和趋势等综合考虑。测图主要是用的直通车工具。
- 以流量解析内的点击率×2的标准判断，主要是用大词出价到行业前三名，以展现到1000、点击量到100为基准。
- 测图标准：分析直通车测图计划反馈数据，若自己测试出的宝贝点击率在行业平均值的2~3倍以上，则代表这个创意图不错。

- 测款标准：分析直通车测款计划反馈数据，若自己测试出的宝贝收藏率、加购率及转化率等核心数据在行业平均值的 1.5 倍以上，则代表是非常有潜力的款。

我们测款的目标只有一个，就是测试出这个产品是真爆款还是假爆款，如果我们测得不对，那接下来的所有展开都没有意义。具体来说，测款测图的方式有以下五种。

1. 坚持周期法

测图测款，不能只测一小时，也不能只测一天，你要完成一个周期。三天为一个周期，大概就能测出这个款、这张图到底怎么样。

2. 坚持量级法

这种方法是为了判断产品是否具有坑产过线能力。你的测试一定要达到一定的量级，否则不精准。就像 10 个人看，1 个人买，转化率为 10%；20 个人看，5 个人买，或者 200 个人看，30 个人买，转化率就变了。后者测出的转化率更低，但成交量大，有量级来支撑数据，所以更精准。

3. 坚持精准法

一定要围绕精准核心词来测试。人群的精准度如果不够，我们就没有办法测试它的点击和转化。

4. 坚持峰值法

很多人测款是没有峰值的，不清楚什么时间段获得的流量最多，转化效率最好,就很难判断出结果。很多人在直播间经常采用的是峰值测,抖音直播流量上去的时候,把产品拿出来给大家看,这个时候更能反映出你的产品能不能接触大流量,也就是在有流量峰值的时候,再抛出这些新品,去看新品的转化效率。

5.坚持多维法

很多人就是测测图,测完去看直通车,那只是一个维度,直通车这个维度看似精准,但总会有不确定的因素,所以我们要综合测款、多维测款。可以尝试多种方式去测试,比如直通车测试、直播间测试、引力魔方测试、老客户测款、预售式测款、多价格测试、抖音测款等。

我们测款测图时,要关注点击率、点击增长率、转化率、转化增长率、加购效果等,这些都是这个产品在市场中的数据反馈。

测款测图时的数据指标

- 点击率
- 点击增长率
- 转化率
- 转化增长率
- 加购效果
- 收藏效果
- 关联效果

在大数据驱动的电商零售体系中,选款时要进行数据化的分析。它有一套明确的指标,分为一级指标、二级指标和三级指标。我们要根据不同的指标来确定某个产品的战斗能力。在访客数达到一定量级后,我们可以根据自己的产品性质(标品、非标品)等做一个指标分级表,如下所示。

一级指标			二级指标		三级指标	
访客数	支付转化率	加购率	退货率	UV价值	停留时长	跳失率

根据这些指标,我们做了一个选品神表,通过指标叠加度来判断产

品的综合战斗力。下表中，灰色重合度最多的一个款，就是我们通过大数据选择出来的最佳款式。出现灰色最多的那个宝贝具有明显的竞争优势，适合我们去打爆款。

商品访客数	平均停留时长	详情页跳出率	商品收藏人数	收藏率	加购率	商品加购件数	支付金额	支付转化率	售中售后成功退款金额	退款金额比率
235503	25.65	59.27%	14140	6.00%	7.69%	18111	125097.93	0.63%	22664.15	18.12%
29153	26.4	45.37%	1489	5.11%	14.11%	4114	116008.79	4.63%	26135.68	22.53%
35173	35.49	54.39%	1572	4.47%	17.62%	6196	114484.72	8.13%	7955.61	6.95%
160924	33.08	64.68%	4463	2.77%	4.01%	6446	45933.66	0.60%	2625.10	5.71%
12159	24.96	71.10%	373	3.07%	10.80%	1313	32032.98	3.18%	2474.81	7.73%
8272	27.51	35.62%	260	3.14%	8.76%	725	7755.39	1.98%	844.33	10.89%
10017	29.39	57.57%	223	2.23%	5.63%	564	6525.46	0.92%	403.36	6.18%
2645	21.03	68.96%	88	3.33%	10.78%	285	5794.73	2.27%	633	10.92%
5474	27.51	34.65%	126	2.30%	8.57%	469	5434.59	0.84%	1542.60	28.38%
2251	25.38	36.20%	88	3.91%	12.17%	274	4209.79	4.31%	411.39	9.77%
11048	23.23	61.33%	163	1.48%	1.69%	187	3524.68	0.18%	840.99	23.86%
3155	24.62	26.28%	51	1.62%	4.63%	146	2792.17	1.11%	671.94	24.07%
1291	36.36	36.38%	14	1.08%	3.02%	39	1632.39	0.70%	176.9	10.84%
1401	23.24	29.78%	38	2.71%	14.06%	197	1551.31	1.78%	94.37	6.08%
1422	21.51	64.71%	47	3.31%	5.77%	82	1384.00	0.56%	504	36.42%
1392	26.46	22.79%	12	0.86%	1.36%	19	810	0.29%	154.44	19.07%
1139	28.81	49.87%	32	2.81%	6.23%	71	692	0.35%	0	0.00%

数据差别不大的情况下很难选出最合适的款，所以上表对非标品更适用。我们的款、图在不确定时，通过这种方式测试出来的效果更好。非标品往往会有非常详细的综合性选择表，而标品就没有那么复杂，可能看的就是点击效果、转化效果等。

作业：请总结你测款测图的成功经验，并复盘失败的教训。

二十三、爆款的高权重入口

> 马太效应导致在宝贝进入倾斜期的初期阶段，高权重入口加速是至关重要的。
>
> ——大圣老师

有些学员问：这个爆款打了很久，免费流量没有丝毫的反应，是什么缘故？

原因可能有很多种，但是对大部分卖家来说，根本原因是自己在打爆款的初期，就没有进行高权重入口的布局。一个产品起爆的阶段非常重要，在这个重要的阶段我们一定要进行高权重入口的布局。

一个产品的流量入口有很多，有可能是手淘首页的，有可能是直通车的，有可能是引力魔方的，有可能是站外的。在这些流量入口的渠道中，哪个才是权重最高的入口呢？

哪个渠道入口流量的爆发能力更强，那这个入口就是你的高权重入口。如果手淘首页流量的爆发力更强，那么手淘推荐就是我们在这个端口上跑赢竞争对手的高权重入口。

我们只有快速地在初期找到高权重入口，才能在流量稀少、流量很难获取的情况下，用最高权重入口来快速刺激平台，让它给我们流量。

高权重入口窗口期

2 小时
24 小时
72 小时
168 小时
336 小时

权重入口是有周期的，平台对店铺和宝贝都有考核权重的周期。一个产品的权重周期有 2 小时、24 小时、72 小时，3 天就是一个小循环。

7 天 168 小时是一个综合性周期，14 天 336 小时基本上是一个比较完整的周期，30 天是对爆款进行综合评测的确定性的周期，30 天之后会重新计算产品的权重。平台对宝贝的权重周期是有恒定标准的，跑完 30 天能领先其他宝贝，那这个宝贝在这个周期里的位置就不同了，平台就需要让它重新跑一轮。

如果你的宝贝 7 天的流量消化率很差，货流能力很弱，流量利用率很差，那它再获得流量展现的难度一定会增加，这也是强调高权重入口重要性的原因。就像助跑阶段，你没有领先优势，最后冲刺的那一刻很难跑赢。

平台的反馈是马太效应，好的会越来越好，不好的会越来越不好，也就是在宝贝进入倾斜期的阶段，高权重入口能发挥加速器的作用。如果在马太效应前期你都没有高权重入口，反馈都超越不了别人，那你的宝贝很可能就被平台数据给误判了，哪怕是个好产品也不行。发现高权重入口之后，立马去做加速和布局很关键。

举个例子。如果宝贝在手淘首页的转化率明显高于对手，而手淘搜索的转化率和点击率和对手几乎持平，你觉得现在是布局手淘首页，还是布局手淘搜索呢？很显然，你要更侧重布局手淘首页，放大手淘首页是率先超过对手的一个重要入口。

同样，在"破洞九分裤"这个词上，你和对手的点击、成交、转化都差不多，而在"奶奶裤"这个词上，你的点击和成交远高于竞争对手，那么这个时候你就应该在"奶奶裤"这个成交入口上投入更多的精力、更大的财力。这些就是所谓的高权重入口。

如果一个产品打了很久，都起不来免费流量，或者平台给予的正向反馈特别少，访客数没有随推广的增加而不断变大，那说明在权重入口上的布局可能存在失误。因此，你要学会狙击式地分析对手数据，要把成交权重最高的一些关键词和流量通道全部提炼出来，研究如何让平台发现你更有效率，然后通过高权重快速获得免费流量的奖励，拿到更大展现。

作业：请思考在确立爆款后，你是怎么强化和运营高权重入口的？

二十四、竞品爆款破绽拆解

> 对竞争对手的分析非常重要，我们需要知道对手的产品为什么能成为爆款，或者对手具备了哪些优势？对手的弱点在什么地方？我们的弱点在什么地方？我们肯定要拿着我们的强势去打对手的弱势。
>
> ——大圣老师

对竞争对手的分析有很多方面，除了分析对手的店铺流量、销售等，也涉及行业分析，如市场规模、市场结构、热销属性等。

行业分析	市场规模	行业近12个月销售额与销量	市场规模大小
			行业走势
			月度销售占比
			件单价情况
		行业近1~3年销售同比增幅	行业走势
	市场结构	行业品类销售结构	品类销售占比
			品类增幅情况
		行业价格端销售结构	价格段销售占比
			价格段增幅情况
		主销品类与价格段分析	指导品类与价格策略
		高增长品类与价格段分析	寻找品类增长机会

续表

行业分析	热销属性	属性成交金额、成交订单数、成交件数与趋势	了解热销属性及走势
		属性件单价	指导商品定价
	热销品牌	线上线下品牌销售变化	传统与淘品牌对比
		不同风格品牌销售变化	不同风格品牌对比
		不同价格段品牌销售变化	不同价格段品牌对比
	热销商品	品类 TOP10 商品分析	爆款商品详细数据解读
		行业 TOP1000/2000/3000 商品分析	TOP 商品入门销量、品类分布、店铺分布、品牌分布、价格段分布
	行业大促分析	行业大促销售额分析	大促概况与同比数据
		行业大促 TOP 店铺备货分析	备货策略分析
		行业大促 TOP 店铺销售结构分析	销售结构分析
	行业 TOP500 店铺销售分析	行业 TOP500 日销额合计	TOP500 销售规模
		行业 TOP500 日销额走势分析	TOP500 代表行业走势
		行业 TOP500 不同级别日销门槛分析	不同级别店铺销售规模
		行业 TOP500 不同级别店铺平均日销额	同级别店铺销售均值
	行业 TOP500 店铺流量分析	行业 TOP500 流量走势分析	行业流量情况与走势
		行业 TOP500 UV 价值分析	行业 UV 价值情况
		行业 TOP500 不同级别流量门槛分析	不同级别店铺流量门槛
		行业 TOP500 不同级别店铺平均流量	不同级别店铺流量规模
		行业 TOP500 不同级别店铺平均 UV 价值	不同级别店铺 UV 价值
		行业 TOP500 不同级别店铺转化率	不同级别店铺转化率

具体来说，拆解对手爆款时，要清楚以下问题：

- 对手的产品优势是什么（价格、品牌、包装、卖点、文案、视觉、功能、服务等）。

- 对手的利润评估（赚钱与否）。

- 对手的流量结构（来源占比、搜索转化率、收藏率、加购率、UV 价值）。
- 对手的主要成交方向。
- 对手的广告付费占比是多少，分别投放了哪些通道。
- 对手的活动频率。
- 对手是否进行了人工干预。
- 对手的标题、词根的贡献占比。
- 对手的主图视频的拍摄脚本和优点。
- 对手的五张主图的顺序/卖点/用色。
- 对手的评价和晒图分析。
- 对手的"问大家"整理。
- 对手的详情页逻辑或者视觉拍摄方法。
- 对手的产品 SKU 组成和叫法，以及哪个 SKU 卖得最好。
- 对手的动销增长曲线。
- 对手竞品的成功核心要素。
- 对手与自己产品的重叠度高低。
- 对手的主打产品价格段在市场中的优势。
- 对手的关联产品和赠品。
- 对手的竞品有哪些。
- 对手的客服话术和对不同竞品的引导话术。
- 购买对手产品，分析开箱体验。
- 加入对方会员群，查看其状况。
- 发送几个竞品的链接，问客服他们产品的区别，看他们的引导。

分析完问题，要总结出对手做得好的三个点，以及做得差的三个点，在做得差的三个点上强化你自己的优势。高手是未战而先胜。

作业：请总结你分析对手以及根据对手进行策划的方法。

二十五、标品、非标品、半标品的爆款打法

> 人巨大的痛苦在于,在错误的时间,选在下滑的市场,逆势而为,逆流而上,采用低级的方式,在自己没有优势的情况下,做了一堆低价值的事。
>
> ——大圣老师

人的精力是有限的,时间是有限的,资金是有限的,人员是有限的,所以,我们必须在有限的范围内做出正确的决策。我们要在正确的时间,选择正确的市场,抓住正确的趋势,使用正确的方式,利用优势干成一件正确的事。

不同类型的产品打爆款,是不一样的,我们在打爆款的过程中,需要找到正确的打法。下面是标品、非标品、半标品的爆款打法,请对照进行布局。

1. 标品的爆款打法

(1)产品为王——一定是强势的产品。

(2)价格为器——价格是标品厮杀利器。

(3)点击为重——高点击率是第一率,没有高点击就没有爆款。

（4）资金为核——舍得花钱，递增式花钱很重要。

（5）销量为标——销量决定免费流量。

（6）活动为辅——各种起量的活动都可以尝试，标品标签不太明显。

（7）聚焦为本——拿钱聚焦到少数词上，集中力量打爆款。

（8）防范为要——时刻准备着有人和你打价格战。

（9）升级为路——只有不断迭代产品，手里永远有2.0产品才能一直活着。

标品一定是高频的、适合大多数人购买的产品。标品的布局，首先一定是强产品、高点击、牛运营、重资金，在把爆款做起来之后，要分解流量，做爆款流量转移。其次要注重定价，一定要定准。

活动为辅的意思是如果你能抓到机会去上活动，一定要去上，不要频繁上，但是也要上。如果你能在不损伤利润的情况下，给店铺带来爆款加速，那就可以去做。如果标签不是特别明显，也可以去尝试。

2. 非标品的爆款打法

（1）款式为王——选款要选基本款中的特色款，有宽度有点击。

（2）视觉为器——视觉是塑造"向往成为"的利器。

（3）系列为重——围绕一个系列设计基本款、经典款、特色款，充分满足消费者"逛"的需求。

（4）人群为核——围绕同一人群，一定不能标签混乱。

（5）动销为标——紧抓日动销和月动销这两个指标。

（6）活动为辅——非破坏标签的活动都可以适当参加。

（7）社群为本——一定要建立自己的社群，传播自己的特色。

（8）叠加为要——针对同一类的成交标签要布局一系列的产品塑造标签强度。

（9）库存为命——不要迷恋爆款，要精控库存。

（10）节点为势——失去节点便失去一切。

非标品强调的是整体的动销，是地雷式的布局，在基本款中找特色款，在小众款中找常规款，通过多关键词、多需求的布局，完成流量布局。

非标品的工作重点就是款式为王，选款没选对，就没办法做起来，一定要选择有特色、有宽度、有点击视觉的产品，非标品卖的就是氛围。

社群为本的意思是一定要把客户圈住、留住，让他在你的社群里成为终身的客户。只有这样，你以后选款才有把握。

库存为命的意思是当非标品销售额在5000万元以上时，你要有个大商品部，从货品固化到采购，到后面的库存精准控制，都要统一管理。

3. 半标品的爆款打法

（1）销量为王——没有排名便没有免费流量。

（2）款式为核——款式获取更多首页和更高点击率。

（3）价格为器——价格决定了爆款的宽度。

（4）产品为精——只卖精品，打造小爆款群，做好关联。

（5）店群为墙——霸屏策略才能长久。

（6）偏向为准——偏向标品的用标品打法，偏向非标品的用非标品打法。

半标品是海选赛马、重点养马的模式。款式为核的意思是一定要找到一些好的款，先选款，后打款，这样才能获得更多点击的流量。

价格为器的意思是在定价上要有高、中、低的区别，有一些是引流的，有一些是打利润的，要做组合。

作业：请思考你的爆款打法是否符合上面的要点。

二十六、爆款流程 46 步

> 系统的爆款运营思维，正确的爆款布局决策，加上精细化的爆款执行流程，才能连续地、高概率地打造出爆款。
>
> ——大圣老师

想要打造出爆款，一套流畅的工作流程是必不可少的。经过长期的实战经验，我总结出了如下 46 个步骤。以下的流程顺序根据类目不同，稍有变化。

- 市场分析，确定爆点。
- 对手分析，确定优势。
- 产品策划，产品力布局。
- 成立爆款小组，确定爆款小组的临时绩效。
- 召开爆款打造的启动大会，设置公司全部门临时奖励绩效。
- 内功策划，主图+详情页构建，卖点和视觉策划。
- 确定定价体系，评估利润。
- 制订运营计划以及流程表。
- 上架产品。
- 入场标题设置，以易被搜索到的核心关键词为主。

- 测图测款，确定主攻。
- 老客户/粉丝社群破零。
- 关联销售赠送破零。
- 直通车硬推破零。
- 推广费递增。
- 高点击率目标监控。
- 做好产品评价内容、评价标签、晒图、晒视频及"问大家"的布局和维护。
- 点击率递增，基础销量完成。
- 监控点击率和转化率指标。
- 直通车以核心高权重入口为主，递增广告投放。
- 超级推荐的新品推广。
- 监控自然流量增长趋势。
- 监控主图点击率。
- 监控宝贝转化率。
- 监控加购、收藏、跳失率。
- 做些促销，参加平台活动。
- 配合使用一部分符合店铺的淘宝客。
- 监控对手和自己的数据对比。
- 点击递增+订单递增+直通车关键词扩展+计划扩充。
- 修正标签，精准化标签，直通车打人群精准标签。
- 扩张型标题设置，加入有贡献的词，提升搜索入口量级。
- 监测免费流量的增长，分析背后的逻辑。
- 再次对比自己和对手的点击转化。
- 进入弯道超车阶段，在规定的时间内超越竞争对手的增长曲线。
- 确定产品供应链和库存管控。
- 降低直通车低产出入口的价格，不能动流量词的价格。
- 查看行业上升关键词爆点，加持产品流量入口。

- 直通车、引力魔方等推广工具 + 淘宝客 + 活动螺旋加持。
- 增加产品的关联销售和套餐设置。
- 观察对手的策略和产品升级方向。
- 推动第二梯队爆款。
- 螺旋推广至预定位置。

①内容型：淘内 TOP 主播 + 淘内中腰主播 + 快手主播 + 抖音推广；

②营销型：大促活动资源 + 聚划算 + 淘抢购 + 淘金币；

③自有客户：微信老客 + 店铺微淘粉丝 + 店铺关联销售 + 旺旺推送；

④常规推广：直通车 + 引力魔方 + 品销宝 + 销量明星。

- 与爆款小组召开爆款复盘会议。
- 爆款小组解散，做好爆款养护计划。
- 小组奖罚兑现。
- 爆款小组提交爆款整个流程的复盘日志。

作业：请在这个基础上形成适合你的类目和产品类型的爆款执行流程。

二十七、爆款复盘模式

> 有增长未必有成长，有成长必然有增长。成长来自深度思考，思考深度来自系统复盘。复盘应该是一家成长型公司刻在团队脑海中的意识。
>
> ——大圣老师

每一次的付费，每一次的努力，不管是成功了还是失败了，都值得我们去深度复盘。复盘必须坚持去做，打一次爆款就等于打三次爆款。如果没复盘，打一次爆款可能半次的效果都达不到。我们要花钱花得清清楚楚，亏钱亏得明明白白，要有复盘意识。

那么，如何做爆款的复盘呢？给大家提供一个模板。

爆款打造全程复盘日志（大圣版）

爆款产品	
参与人员	
对标对手	
原定目标	
最后结果	
市场分析	当初我们是基于什么分析，得出了我们要做这款产品的决定？

续表

对手分析	目标对手的 3 个优势和 3 个未做到位的点是什么？
产品策划	我们的产品优势在什么地方，有哪些取胜的准备和策划？
测款测图分析	我们是如何测款测图的，测了多少时间，多少访客量，何以确定此款优质？
定价复盘	行业价格分布强弱如何，我们为何定在这个价格，定价的优势是什么？对手的定价有何道理？
高点击率复盘	点击率是如何超过竞争对手的，在神图打造上用了什么方法，有何心得。
	点击率为何没超过竞争对手，原因在哪里，下次如何改进。
起爆复盘	在破零和基础销量的完成上采用了哪些具体方法，有什么需要改进的和下次再强化的。
转化率复盘	转化率是如何超过竞争对手的，有哪些因素提高了转化，用了什么方法和策略，有何心得。
	转化率为何比竞品差，有哪些因素影响了转化，下次我们该如何改进。

除了上表的内容，我们还可以分析爆款成功的原因，以及没有成功的原因；团队每个人的感想心得；每个人对某个爆款总结出的经验；大家达成的共识等。

只有从头到尾完整地复盘，才能真正地理解某个爆款成功的原因和失败的原因，这样我们才能清晰地看见爆款成功的整个链条和逻辑。

作业：请讨论出一个适合你自己的爆款复盘日志版本。

02 第二章 VISUAL
做新视觉 INNOVATION

「用好科技、跨界、场景、外物元素」

电商企业经营精髓
（大圣版权所有）

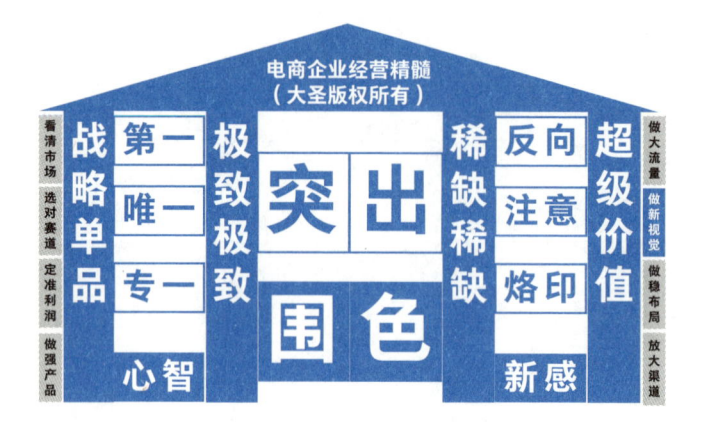

战略单品	第一唯一	极致极致	突出	出色	稀缺稀缺	反向注意烙印	超级价值	做大流量
看清市场 选对赛道 定准利润 做强产品	心智		突围			新感		做新视觉 做稳布局 放大渠道

> 随着大量产品在广阔的电商市场中争夺注意力，消费者已经养成快速决策的习惯，而95%的购买是由情感驱动的，这使得视觉效果成为重要且强大的销售工具。做视觉不是为了美，而是要第一时间吸引用户，使其购买商品。
>
> 针对不同产品，视觉创新有不同的方法。针对传统产品，要使用科技元素；针对美学产品，要使用跨界元素；针对标品，要使用场景元素；针对虚感产品，要使用外物元素。掌握这些方法，可以做出新视觉，但前提是要让视觉有销售价值，也就是要能够提高产品的价值。

VISUAL INNOVATION

一、做电商必须重视觉

> 视觉是实现差异化的最低成本选项，是电商的业绩成交总战场，是获取流量的第一个关口，是产品价值感知的主阵地，是产品竞争的第二生命力。
>
> ——大圣老师

电商重点做的就是三件事：选产品、做视觉、搞推广。在你的市场选对了、赛道选对了、定价算准了、产品做好了之后，你最重要的事就是做视觉。通过视觉的呈现，给产品进行二次包装，再一次焕发它的生命力，最终做成高点击、高转化的新视觉。而搞推广只能让好卖的产品卖得更好，不能让不好卖的产品卖得好；它只能让该赚钱的公司赚钱，不能让赚不到钱的公司赚钱。推广只是锦上添花，而不是雪中送炭。

电商的视觉呈现非常重要，因为消费者是隔着屏幕来买商品的，要想从全国成千上万的商品中出色地突围，就必须重视视觉。视觉要抓住消费者的注意力，并且形成和市场竞争环境不一样的视觉体系。

视觉做不好，不要做淘宝，消费者不知道你的公司有几个人，看不到你的仓库、供应链、办公场所，他们只能通过图片来看你的产品。做电商就是在卖图片、卖视觉。把视觉做好，不是一件容易的事情，所以，视觉反而成了电商里的一种竞争壁垒。

在淘宝上搜索商品最没有惊喜感，产品同质化非常严重，在产品没有办法和同行拉开距离时，只能靠视觉上的创新。制作的图片不能只追求美，还要追求不同。视觉是跟环境做的，对手用白色，我用深色；对手有字，我无字；对手用一个模特，我用两个模特；对手重整体，我重细节；对手重产品，我重场景。

消费者唯一与商家能建立关系的中间地带，就是视觉。产品是通过视觉表达出来的，消费者只有看了视觉的页面，才会决定是否购买。同样的产品，可以针对不同的人群做出不同的视觉，比如不同的场景、不同的风格、不同的价值、不同的感觉。

在《电商企业经营精髓》（上册）的"做强产品"一章中，我提到了有一个做无痕文胸的商家通过拍摄手法让产品呈现出很多种风格。如果你模仿得非常有艺术感，那么它就呈现出艺术风；如果你让青春少女拍一个非常清新的感觉，那么它就呈现出青春风；如果模特打扮得非常时尚，姿势也很fashion，那么它就呈现出时尚风；如果你用太空、宇宙那种抽象的感觉去拍摄，那它就呈现出科技风；如果你用可爱的少女来拍，那它就呈现出甜美风；等等。

消费者看到风格各异的图片，会产生不同的感受，自动代入情境，进而购买匹配自己的文胸。这里，产品本身并没有发生具体的改变，只是视觉的表达发生了变化，才呈现出不同的风格，满足不同的需求。

1. 视觉是实现差异化的最低成本选项

要想让自己的商品与对手呈现差异化，得从开模具开始，一步步做，过程很难。从市场直接拿个货，给它做视觉的创新，改改风格，加加陈列方式，通过色彩对比使它实现差异化，这种方式是成本最低的。

2. 视觉是电商的业绩成交总战场

消费者只能看到你的图片，你让他看到什么他就能看到什么，你不让他看到什么他就看不到什么，他只能通过视觉来看你的产品，感受它的价值。所以视觉与消费者是否点击、是否收藏、是否加购等非常有关系。所以说，视觉是电商的业绩成交总战场，页面是24小时帮你赚钱的业务员。

3. 视觉是获取流量的第一个关口

消费者最开始是选图比赛，而不是选品比赛。比如，有的图片做得和产品有很大差异，但消费者愿意点进去。

4. 视觉是产品价值感知的主阵地

消费者如何感知一件商品？一定是通过视觉表达来感受产品的档次。同样的产品，视觉做得好，消费者的感觉就好，无形中就拔高了产品的档次和价值。

5. 视觉是产品竞争的第二生命力

视觉是产品竞争力的二次塑造，所以，它赋予产品第二生命力。有的产品本身价值很高，但视觉做得不好，影响了它的竞争力，所以无法在市场中占有一席之地。

作业：思考一下你在视觉上的投入度。

二、新视觉是大势所趋

> 视觉翻新升级已经在各个类目陆续展开，而且新锐商家都在翻新视觉。没有视觉竞争力越来越难抓住新一代消费者的注意力。
>
> ——大圣老师

新视觉是大势所趋，尤其是电商，已经从货品电商、爆品电商转型为精品电商。产品精致、页面精美、包装精细、运营精密，就是精品电商。

为什么视觉一定要做新？这源于消费环境发生了巨大的变化，人群发生了巨大的变化。

"70后"消费群	耐用 听专家 价格敏感	资源赚钱 艰苦奋斗	思想教育	喜欢存钱 低调	钱用在刀刃上
"80后"消费群	有用 看大家 物美价廉	机会赚钱 有酒有肉	现代教育	努力赚钱 炫耀	钱花在改善上
"90后"消费群	好用 推荐家 有点特点	市场赚钱 好好享受	文明教育	愿意花钱 攀比	钱花在喜欢上
"00后"消费群	享用 分享家 我要喜欢	不唯赚钱 心里自由	心智教育	愿意借钱 彰显	钱花在心志上

十几年前，做电商的都是什么人？消费者又是什么人？主要是"80

后",但是现在做电商的是"90后",消费的是"00后"。"70后"买东西讲究耐用,"80后"讲究有用,"90后"讲究好用,"00后"讲究享用。

整个的消费环境发生了变化,消费者不会再把钱花给一个普通视觉表达的产品,因此视觉迎来了必然要创新的趋势,要新奇、要翻新、要新鲜。

普通的产品、普通的视觉、普通的做法,在电商里很难生存。现在的年轻人不一定喝可乐、雪碧,他们会喝奈雪的茶或喜茶;他们不一定用飘柔、拉芳、海飞丝等洗发露,他们会用一些新锐品牌;他们吃的方便面不一定是康师傅、统一,他们会吃自嗨锅、拉面说。

现在的"95后""00后"消费的更多的是新的东西,有新的视觉、新的场景、新的表达、新的传播方式。

未来要做品牌,一定要把视觉做好,因为新品牌等于新名字加上新理念、新产品、新视觉、新包装,这5个"新"做好了,你的品牌就立住了。

新品牌公式

新品牌 = 新名字 + 新理念 + 新产品 + 新视觉 + 新包装

比如,有棵树品牌,它将产品的包装换了,有了新视觉,感觉就不一样了,看起来是个性的、健康的、有设计感的。这种视觉呈现的内裤,可以在市场上卖出高价,这就叫视觉创新——别人都是那么表达的,我不是。

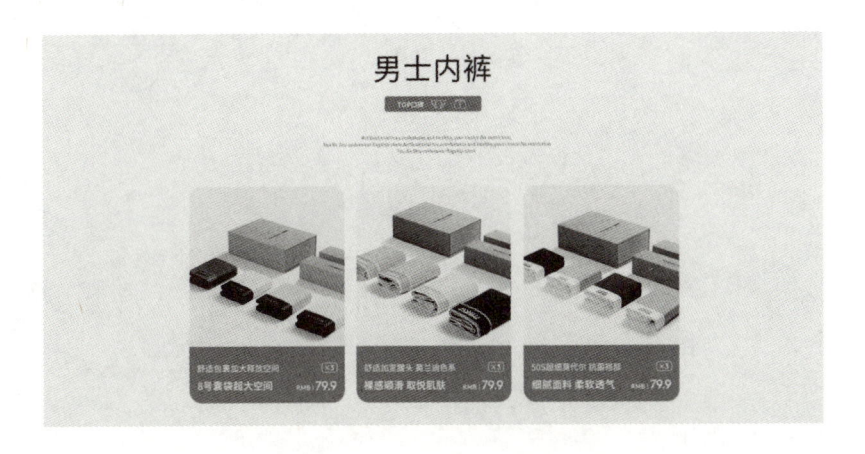

大多数中小卖家要么在产品上下功夫,要么在视觉上下功夫。不注重视觉,就像一个人没穿衣服。不舍得在视觉上花钱,就是在让产品裸奔。

作业:请思考如何给产品的视觉升级,做到差异化。

三、新视觉的原则与标准

> 一个具有独特视觉风格和品质的电商品牌，不仅容易吸引消费者的眼球，更能提升品牌的价值。
>
> ——大圣老师

视觉还分新和旧吗？所谓新视觉，就是要和别人的感觉不一样。那怎么样才能做出不同？这就要了解新视觉的原则与标准。原则与标准是做新视觉时的基本框架或者边界，按照这个逻辑做，一般不会走偏。

新视觉的原则：新记忆、新鲜感、新跨界

新视觉的标准：统一调性、表达精神、塑造价值

1. 新视觉的原则

- 新记忆。消费者一看这个视觉就记得住，而且记住的东西很特

别，和别人的不一样。我们说，记忆感大于美感，记不住的话连过眼云烟都不算，得让消费者记得住，在他的大脑中刻上记忆烙印。比如，你看到很远的地方有个"M"形的大门，你就知道那是麦当劳，这就是记忆烙印。

- 新鲜感。你的表达形式和别人的不一样，消费者从来没见过。你不要只用你行业的思维来思考视觉表达，要多看别的类目、别的行业。只有这样，才能做到和别人不一样。
- 新跨界。跨界是最有竞争力的方式，外来的力量往往能够创造新鲜感，所以跨界也是做新视觉时经常用的一个思路，要走出去再走回来，把外来的东西融入你的视觉创造。

2. 新视觉的标准

- 统一调性。调性是指用什么样的格调来呈现品牌和产品，而且它们的调性最好统一。
- 表达精神。这里的"精神"包括美感、艺术感、独特性等。
- 塑造价值。视觉肯定要有价值，如果视觉不能传递价值，那么，这个视觉就不是一个好视觉。

举个例子。通常做美妆的品牌给消费者什么感觉？就是一堆文字加上一群明星，卖的就是产品。国产品牌想通过产品创新突围很难，因为原料、成分、配方、功效肯定比不过国际品牌。所以花西子另辟蹊径，在视觉上进行创新，如上页图片所示。

首先是新记忆。花西子的视觉呈现中加入了中国的一些古装元素、文化元素，这些元素加上花和美女，让别人觉得，既有现代感，又有古典感，所以它的整个表达叫古今双生。再看它的颜色——青色、瓦带色，这种颜色是别人从来没有用过的。

其次是很新鲜。没有人用古代和现代的组合，这种古今的搭配、古今的对比，新鲜感十足，绝对是个性的、独特的。

最后是跨界感。花西子将中国的传统文化元素移植到现代的产品中，创造出一个新物种，创造了新鲜感、独特感。

再举个例子，如右图所示，这个助听器的视觉呈现非常独特。一位时尚、干练的老年人站在大海边，用大海的场景表达自然的聆听，呈现出新鲜的视觉。它的整个表达方式是跨界的，它的行业里没有人这么做过。

视

氛围	无一字之说明，已感觉之表达。
精神	美没有标准，但我有标准。
构图	记忆烙印，统一感。
美感	符合档次，衬托产品，吸引客户。

你在做视觉表达的时候,想一想你要营造什么氛围、表达什么精神、采用什么构图、达成什么美感。

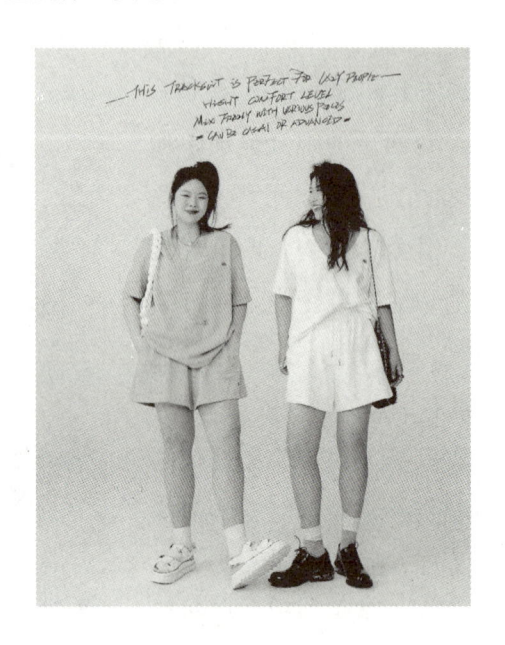

上图视觉呈现的设计感十足,精致、美好,两个较胖的女孩穿着潮流服装,让人眼前一亮。这个大码时装品牌的视觉呈现营造了一种时尚、轻松的氛围。它用整体穿搭的方式来表达一种精神,就是胖女孩也可以变成时尚女孩。它运用了英文元素,显得国际范儿。它用潮流塑造胖女孩的美,让人耳目一新。

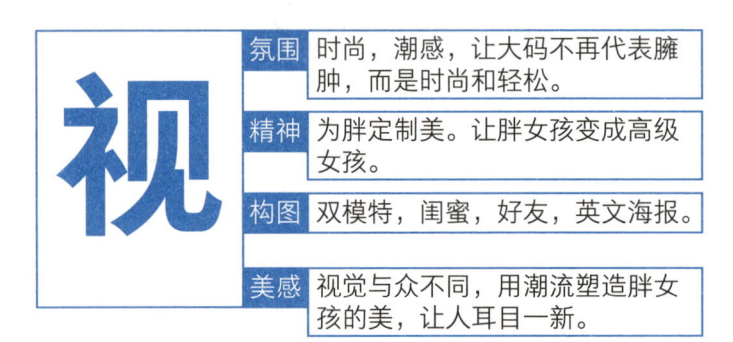

视	氛围	时尚,潮感,让大码不再代表臃肿,而是时尚和轻松。
	精神	为胖定制美。让胖女孩变成高级女孩。
	构图	双模特,闺蜜,好友,英文海报。
	美感	视觉与众不同,用潮流塑造胖女孩的美,让人耳目一新。

作业:请思考你的视觉呈现有什么氛围、精神、构图、美感。

VISUAL
INNOVATION

四、做新 = 传统产品 + 科技元素

科技元素密码

01 专业术语　　**02** 数字数据　　**03** 科学理论

做传统产品的视觉时，要植入科技元素，这样会产生巨大的反差，让人耳目一新。科技元素的密码有三种：一是专业术语，是指产品要有一些新概念，让传统行业变得不传统；二是数字数据；三是科学理论。

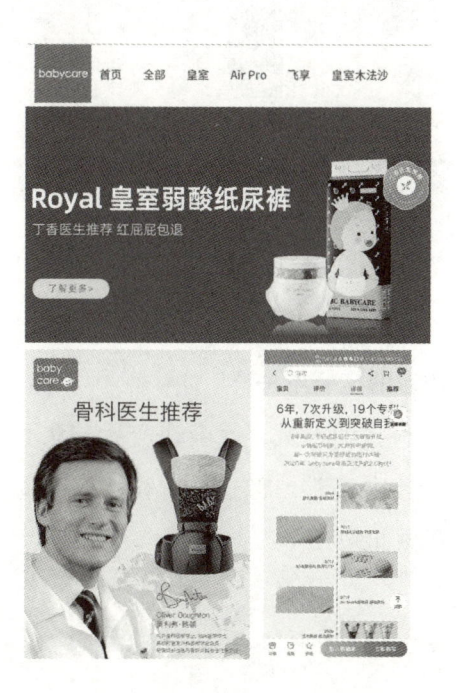

有个品牌叫 babycare，做的是母婴行业。母婴行业要做视觉的创新，怎么做？首先 babycare 出了专业的术语——皇室弱酸纸尿裤，显得很有科技感；其次让骨科医生推荐；最后给出数据：6 年，7 次升级，19 个专利。

这种视觉表达看起来有些粗糙，但一定有效，会促进销售。视觉不是为了美，是为了卖货，为了让客户觉得它有价值，和别人不同。一个骨科医生推荐的产品，你肯定会觉得它比其他产品要好。这种视觉呈现出来的产品，科技感十足，会让消费者觉得买的不是一款普通的纸尿裤，而是科技的结晶。你瞬间觉得这个产品的精神面貌不一样了，视觉价值就升华了。

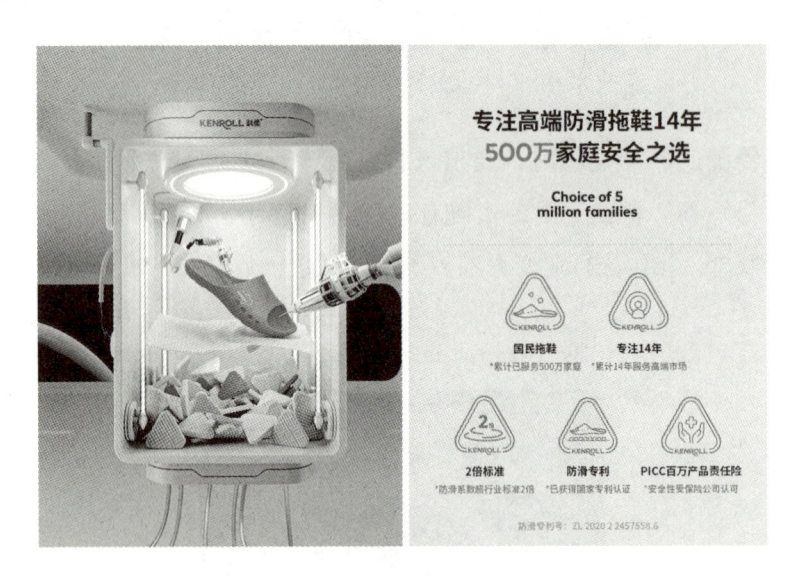

上图中的这个拖鞋品牌，用了科技的表达，立马形成强烈的科技感，让人感觉它就是和普通的拖鞋不一样。

传统的产品加上科技的视觉，就会让产品与众不同起来，让传统的产品不再传统，显得十分高端。像这样的科技感视觉一出来，就会很拉风，能很快地把销量做起来。

作业：请思考什么行业、什么产品适合用科技风。

VISUAL
INNOVATION

五、做新 = 美学产品 + 跨界元素

跨界元素密码

01 艺术性　　**02** 文化风　　**03** IP路线

如果你的产品颜值很高，或者本身就是享受性的产品、体现美好生活的产品、表达美的产品，那么就可以植入一些跨界元素来提升产品的视觉呈现。首先，要有艺术性，美感分很多等级，纯粹的美和艺术赋能的美是不一样的；其次，有文化的美和没有文化的美也是不一样的；最后，是否有IP内容、走IP路线，对视觉的影响也很大。

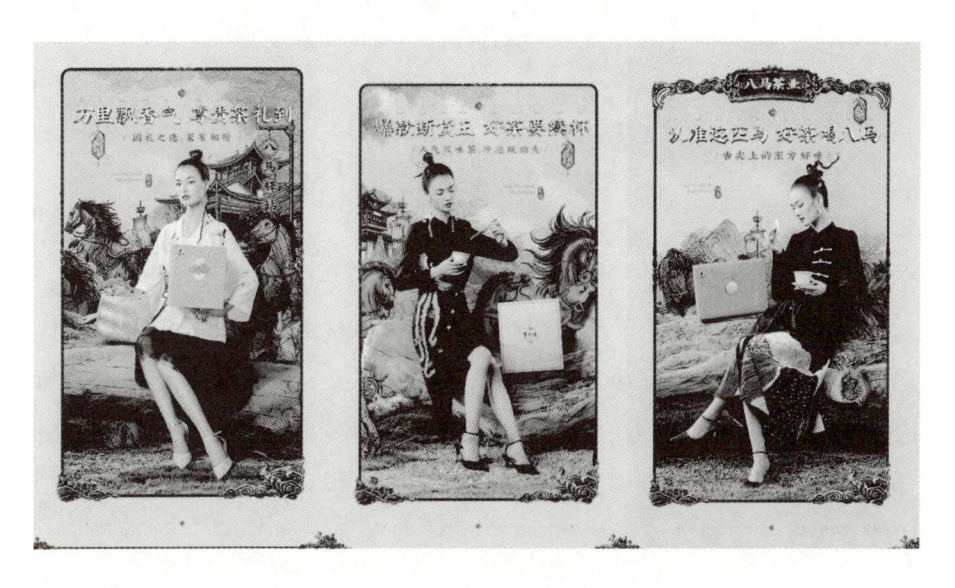

例如，八马茶叶是用来享受生活的。喝茶是一件美好的事情，在卖产品时，若只呈现冷冰冰的茶叶，是没什么竞争力的。因此，八马茶叶在视觉上植入了国风和中国文化，突出了文化感、艺术感、独特感，匹配它的品牌定位和调性（如上页图片所示）。这种视觉呈现传递两层意思：第一，八马茶叶的历史悠久；第二，八马茶业有文化、有内涵。

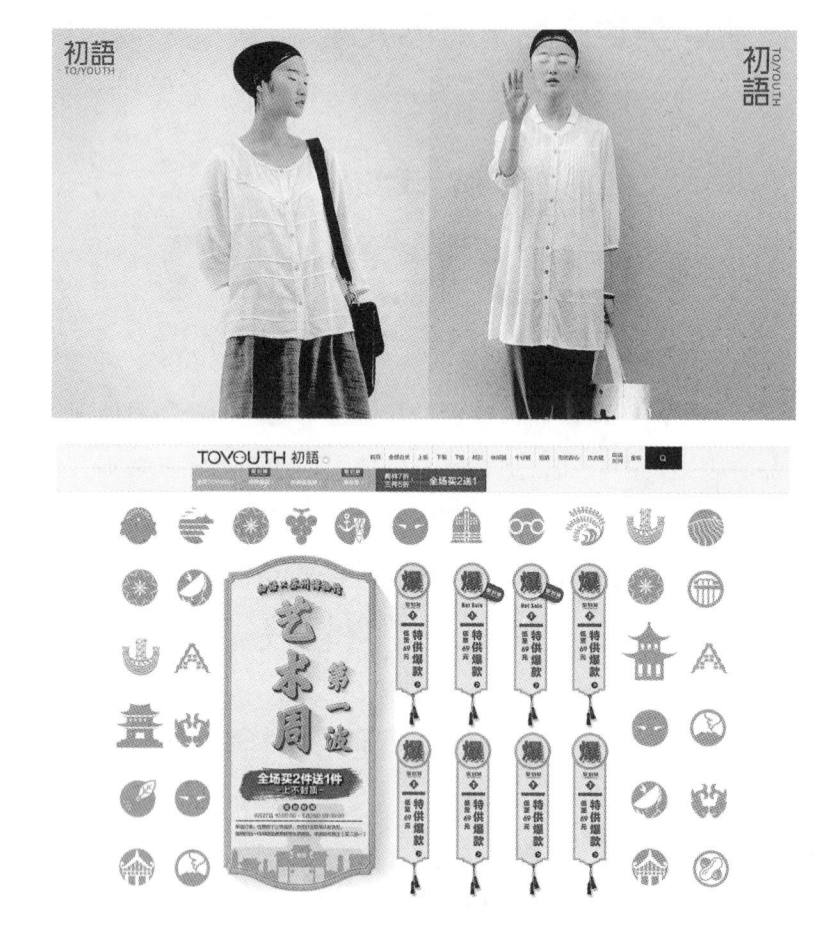

又如初语这个服装品牌。对于一个本身就很美的行业，该如何做视觉创新呢？初语给自己添加了复古元素。为了让消费者产生记忆感，初语借鉴了京剧的脸谱，在模特的眼睛上化了特殊的眼影。这样的文化融合，给人的记忆感特别强烈。此外，在店铺的设计上，初语同样植入了比较文艺风、国潮风的元素。

说到跨界，不得不提完美日记这个品牌。完美日记的每一个产品上都画了一幅油画，完美地与艺术元素进行了跨界融合。在视觉表达的过程中，用跨界元素来表达一个不一样的自己，让美更有个性，让消费者能记得住，这就是跨界融合的底层逻辑。

想要美得更有主题，就需要植入艺术风、文化风、IP属性。所谓的美学产品已经很美了，那我们就要给美找个主题，美如果没有精神，那这个美就不足以成为被记忆的美。

作业：请思考什么类目适合用这种视觉创新方式。

六、做新 = 标品 + 场景元素

场景元素密码

01 生产场景　**02** 使用场景

对于标品来说，我们通常认为它的视觉应该加入场景元素，标品加场景元素是最有效的。标品可以满足多数消费者的需求，产品本身又极其相似，因此，商家只能从产品外部找差异。场景元素有哪些？如果你很注重产品的内涵，那就注入生产场景元素；如果你很注重产品的使用方式，那就注入使用场景元素。

标品的视觉创新路径是：从卖产品，到卖场景，再到卖生活方式，最后到卖意义。

我们用认养1头牛的案例来说明。认养1头牛的模式是：它的牛是认养的。这个模式非常好，在蒙牛、伊利、安慕希等品牌扎堆的市场中，它能站稳脚跟，与它的品牌定位有很大的关系。

凭什么让消费者相信它的牛和其他商家的牛不一样，它产出的奶和其他的奶不一样呢？就是将视觉表达可视化。消费者不能去它的工厂，也没办法看到牛奶的生产方式，想在互联网上被消费者相信，最重要的就是建立品牌信任感，于是商家就展示场景给消费者。

首先，它展示澳洲的生产场景，强调每头牛都是澳洲血统，可以查到系谱档案；其次，每头牛都吃得很好，突出每天的伙食消费很高；最后，强调每头牛都住得好、工作好、心情好，它的产奶量很高，营养很好。这样的场景描述会让消费者觉得它的牛就是不一样，它产出的牛奶口味、口感一定很独特。

除了展示生产场景，它还将产品和模特、甜品搭配在一起，通过使用场景的展现，使产品凸显出国际范和时尚感，让消费者感受到牛奶的与众不同。

再看拉面说这个品牌。面类食物是典型的标品，拉面说在视觉表达时植入白酒，给消费者营造一种拉面配白酒的使用场景，这种场景的阐释会让消费者有一种吃大餐的感觉，会让消费者产生想尝试一下的冲动。

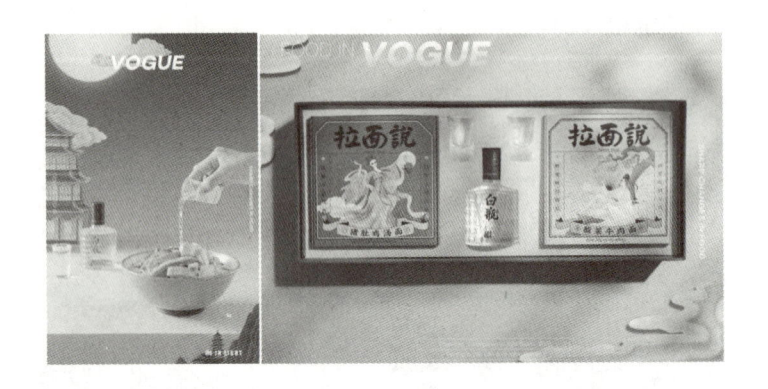

拉面说的视觉呈现还加了模特、鲜花这种跨界文化元素，中西合璧，会让消费者感觉它的面和别人的就是不一样，立马就会被种草。

标品商家经常表达自己的产品有多好，而脱离了对场景的表达。为什么要表达场景？因为场景是产品的背书，场景会让消费者感觉你的产品变得更美了，场景会给消费者一种氛围感、代入感。

作业：请思考什么类目适合用这种视觉创新方式。

VISUAL INNOVATION

七、做新 = 虚感产品 + 外物元素

外物元素密码

01 物品道具　　**02** 佐证标志

有些产品的感知是非常虚的，比如舒服，它是很难感知和量化的。这种类型的产品可以借助外物来完成视觉上的创新。如果你做的是虚感的产品，这个产品缺乏直接的感受，那么你可以借助可以量化的东西，或者消费者接触过的东西来给它画等号，来表达产品的独特属性。

外物包括什么？一是物品道具；二是佐证标志。比如你的产品很有弹性，在它的下方摆放一个正在弹起的球，这就是佐证标志。

素肌良品做的是大胸显小的内衣市场，它的展示图片中，每一个模特头上都包了装饰头巾，同时嘴里叼着一朵花，这就是用外物来帮助其进行产品的表达。

素肌良品推出的产品是"素肌果冻条软支撑内衣"，它强调内衣的支撑是没有钢圈的，叫软支撑，为了让消费者理解软支撑，就说产品像果冻条一样，用标志性的外物证明这种支撑软软的，但很有弹力。模特背后倚靠大量的条状气球，空气感的支撑瞬间就表达出来了，有力度，又柔和，还不伤身体，很容易让消费者信服。

小罐茶怎么证明自己的茶好喝呢？小罐这个物品道具，加上八位制茶大师这样的佐证标志，告诉消费者，它的茶叶经过制茶大师之手，立刻凸显了产品的信任背书，且一个个的小罐将茶叶保存得很好，就会给消费者暗示：它的产品稀缺且珍贵。它的视觉呈现是暗色系，偏黑，给人一种很商务的感觉，这个产品的信任感、价值感立马就体现出来了。

作业：请思考什么类目适合用这种视觉创新方式。

VISUAL
INNOVATION

八、视觉的销售价值

视觉的目的不是美，而是实现销售价值。视觉追求的不是美，而是不同。视觉岗位就是销售岗位，基本原则是你得能卖货，卖货才是核心。

有个伞品牌的视觉做得很酷、很有创新、很有记忆感，但是有着妖精尾巴、猫耳朵的模特显然喧宾夺主了，如果不是页面强调这是一个伞品牌，消费者很难联想到它是卖伞的。消费者看到页面时只会顾着看模特，一定不会注意到伞这个产品，更不会记住这个品牌，这就是典型的为了美而失去视觉的销售价值。

好的视觉要给产品加分，要能够提高产品的价值，而不是为了美、为了炫、为了酷，它不是用来喧宾夺主的，不是为了记忆而记忆。核心是要能销售，这个才最重要。

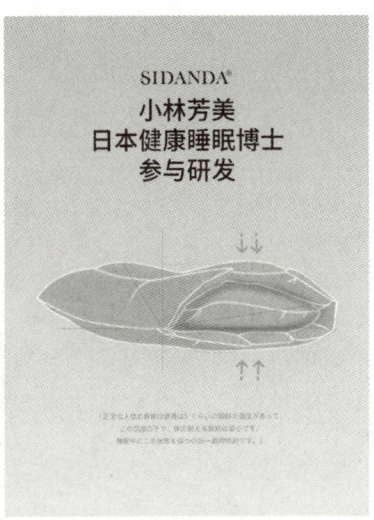

视觉的销售价值是什么？它能让一个普通的枕头变得与众不同。上页图片告诉消费者，它的产品获得了德国红点奖，是日本健康睡眠博士小林芳美参与研发的，是"高大上"的枕头。虽然消费者不知道枕头里面装的是什么材料，但是一定会觉得这款枕头很酷、很"高大上"，这就是视觉的价值。它卖 999 元，也有人买，原因是它的视觉表达符合这个价格的定位。

在追求视觉创新的过程中，我们是不是忽略了产品的本质？是不是纯粹为了美感？如何让产品产生记忆感？这些都是我们需要思考的问题。归根结底，所有的视觉元素要建立在销售的基础上，这样做出来的视觉才是好视觉。

作业：请问你在追求视觉创新的过程中，是不是为了美而忽略了本质？

03 / 第三章 COMPLETE LAYOUT
做稳布局

「多用户、多产品、多店铺、多平台布局」

电商企业经营精髓
（大圣版权所有）

看清市场 选对赛道 定准利润 做强产品
战略单品
第一唯一
极致极致
突出
围色
稀缺稀缺
反向注意烙印
超级价值
做大流量 做新视觉 做稳布局 放大渠道
心智
新感

> 做电商，如果只会选品，打爆款，运营爆款群，那做着做着也会走不下去。电商为什么会遇到增长"瓶颈"，归根结底是由于老板不会布局。因此，要想突破增长"瓶颈"，老板一定要清楚布局的重要性。
>
> 其实，从做电商的第一年起，就要知道接下来的五年该如何发展，会发生什么样的情况。如果老板没有布局思维，那就只会跟风、模仿，终究很难获得更大的发展。
>
> 如何成为大店，如何穿越周期、穿越平台，成为一个持续盈利的商家，所有的事情都需要你提前布局。只有布好局，你才能够真正地做大做强。

一、为什么要学会布局

什么是布局？布局就是对事物有全面的规划和长期的安排。作为电商，要有整体的经营观和全局观，要看长远，要会看整体版图，不能只思考一个点，而是要连点成线，再由线到面，进行规划和思考。只有站在山顶看群山，才能"会当凌绝顶，一览众山小"，只有整体布局，才能有持续且稳定的盈利。

电商界流行这样一句话：做电商，只要你坚持，一定会赚到钱；做电商，只要你坚持，也一定会亏钱。这句话非常有哲理，没有任何一种模式在电商界能长盛不衰，走老路一定无法到达新地方，重复旧动作也得不到新结果。事物是动态的、变化的、发展的，电商的更迭速度极快，旧方法可能在当时某个节点有效，但过了那个节点之后，可能就没有效果了。

电商有以下三个特点：

1. 变化快

电商的变化极快，每年都在改变，平台的小二每年都会轮岗一次，组织架构在不断地变化，平台规则每年都会有调整。每一年的3月或618大促之后，都会有规则更新，平台会发布一些新的工具、玩法，做新一轮的内容调整。去年的方法今年可能就不适用了，惯性地用一种方法去经营，一定会摔跟头。

2. 行业透明

电商的难点就在于行业透明，你做什么，大家都能看得到。"生意参谋"里有各种各样的工具可以查看后台的数据，比如流量的结构、关键词的布局、运营的打法、店铺的变化。这相当于在竞争对手家里安装了一个 360 度无死角的监控摄像头，对手的一举一动都被我们掌握，同样，我们的信息也会被对手掌握。

这样的透明化就导致模仿、抄袭情况严重，可能今年你赚了 100 万元，同行没有发现，明年你又赚了 100 万元，被同行发现后，他们就进来抢你的生意，可能第三年你就赚不到 100 万元了。

3. 生命周期短暂

电商变化快、行业透明，导致电商的盈利周期和态势十分短暂，一个不小心被同行抄袭后，想要发展就要重新制定策略，这就要求电商人的眼光不能短浅。只思考一个爆款、一个月、一个阶段、一年是完全不够的，要有长远的、全面的电商经营观。

《电商企业经营精髓》（上册）的"定准利润"一章中，我提到电商的增长陷阱。大多数的企业都经历过这样的一个过程，可以理解成"越增长，越危险"。

大多数电商企业的经营模式是爆款模式，你的销量排序越靠前，获取的流量就越多、展现就越大，卖得好的店铺会越来越好，卖不好的店铺会越来越差。只要你做成爆款，全国的竞争对手就会模仿你、抄袭你，再用低价围攻你，利润会越做越薄。

当爆款开始走下坡路时，你只能开发另外的好产品，为了开发产品又会使用更多的人力、物力，这就导致电商越发展，老板越赚不到钱。每一次探索新市场、新产品、新项目，都会面临盲区，在扩张的过程中产生损耗也是必然的情况，这是商业的规律。

当第二个爆款打起来时，又会陷入曾经的局面，这是一个巨大的BUG。做电商前，你就要有全局观，知道你将面临什么问题，碰到问题将怎么解决。只有提早布局，才能在遇到增长陷阱时从容应对。

作业：请思考你是否考虑过未来5年的事情。

二、电商的七个盈利阶段

电商有七个盈利阶段,这是这个行业的趋势和走向。了解趋势和走向,是布局思维的必要内容。

01 产品盈利阶段
只要有相应的产品满足消费,即可盈利

02 规模盈利阶段
具备流量集中能力的爆款,才能获得更大盈利

03 运营盈利阶段
掌握精细化运营能力和营销能力,才能盈利

04 品牌盈利阶段
只有品牌才能抗衡高成本,放大盈利能力

05 服务盈利阶段
服务私域流量,才能获得持续盈利增长

06 模式盈利阶段
需要先进的商业模式,才能赢得竞争

07 资本盈利阶段
电商的项目发展带有明显的资本属性

1. 产品盈利阶段

在第一个阶段,只要有相应的产品满足消费,即可盈利。2003年,很多人都不知道电商,那个时期做淘宝,消费者会觉得你卖假货,做淘宝的会被人瞧不起。所以,那个时候阿里巴巴拿了很多钱做引流。

这一阶段缺的是商家、是产品,只要你把你的产品往上一摆,随便

拍个照，就有很多的流量。只要你能填补某个类目，只要你价格合适，就能卖得掉。

2003 年到 2010 年，平台不断地给商家树立做电商的信心。直到 2009 年、2010 年，平台才开始有一些类似于双 11 的大型活动，才让很多人知道，原来做淘宝还真能赚到钱，才开始有大量的商家进来。

2. 规模盈利阶段

在第二个阶段，具备流量集中能力的爆款，才能获得更大盈利。随着越来越多人开始发现淘宝赚钱，很多不好做的线下实体开始转战线上。2012 年，淘宝商城正式更名为天猫，鼓励大家进来开店。这个时期的阿里巴巴已经让用户产生了在网上购买东西的习惯，大家开始网购，并对线上购物产生信任感，这样的购买方式成为一种普遍的行为。

当商家多起来时，拼的不再是你有没有产品，而是你能不能做出规模化的产品。平台的流量也不是白来的，所以谁最先做出规模，谁就能获得流量。

当时阿里巴巴会鼓励你、扶持你，让你做得有规模，让你在很短的时间内做到过亿营收。它塑造了很多个亿级神店，这个时候才奠定了淘宝电商在商业体系中的地位。

2013 年、2014 年、2015 年，爆款打得一轮比一轮高，商家开始用淘客、直通车进行推广。

这个阶段谁率先做出规模，谁率先使用付费，谁率先打出低价，谁率先做出好产品，谁率先形成品牌效应，谁就能赚到钱。

3. 运营盈利阶段

在第三个阶段，掌握精细化运营能力和营销能力，才能盈利。大量的企业进来了，商家数量变多了，爆款打起来了，这时商家开始拼广告、拼直通车、拼钻展、拼达摩盘、拼超级推荐等运营能力。

2013年之后，在打爆款的过程中，电商行业训练出越来越多的运营高手。2016年之后，电商就真的进入靠运营和营销赚钱的阶段。不仅要视觉做得好，电商的产品做得好，运营的策略也要做好，推广的智能化工具也越来越复杂。

这时，商家拼的是精细化的运营能力和营销能力。你有没有供应链，能不能打价格战，能不能有好产品、好视觉？电商进入了真正的白热化阶段。

4. 品牌盈利阶段

在第四个阶段，只有品牌才能抗衡高成本，放大盈利能力。电商做到最后一定是拼品牌，因为零售的本质就是品牌，你没有品牌就活不下来，中小卖家很难生存了。

电商进入品牌盈利阶段，大品牌能够扩充市场，在电商流量很少的时候，只有大品牌才能带来更高的转化。在品牌扎堆的时期，不做品牌，你的电商很难获得更大的发展。

在品牌盈利阶段，社群电商、私域电商、多渠道电商、全网电商开始崛起，直到第五个阶段成为主流。

5. 服务盈利阶段

在第五个阶段，服务私域流量，才能获得持续盈利增长。你只有发展私域，在私域上为客户提供服务，才能赚到钱，甚至你会发现，售后赚的钱比售前还要多，售后部门、社群部门将变得非常重要。

6. 模式盈利阶段

在第六个阶段，需要先进的商业模式，才能赢得竞争。在这个阶段，电商拼的是供应链模式、选品模式、店铺的渠道模式、合作模式等。这个阶段会有各种各样的电商模式产生，这时的竞争也是电商商业模式的竞争。

7. 资本盈利阶段

在第七个阶段，电商的项目发展带有明显的资本属性，电商通过资本的投入获得回报。从2021年、2022年开始，已经有900家左右的企业拿到了风投，这些企业既在线上开店，也在线下开店。这个阶段的电商门槛变得非常高，一定要有资金的加持。

2025年之后品牌盈利阶段全面到来，在这个阶段，电商一定要多渠道发展。谁才能做好多渠道呢？一定是品牌电商。品牌电商既能做好淘宝、拼多多，也能做好抖音、小红书等渠道。

作业：请思考你的电商之路，感受一下电商的阶段特点。

三、电商的转型方向

电商平台30年：品类电商时代 → 爆品电商时代 → 精品电商时代
从流量供给平台成长为消费生长平台

电商消费30年：价格消费偏好 → 价值消费偏好 → 精神消费偏好
从价格消费者成长为精神消费者

电商企业30年：机会型卖家 → 营销型商家 → 规模型企业家
从电商卖家转型为电商企业家

电商产品30年：消化货品 → 发展爆品 → 研发精品
从货品走向精品

对于电商企业来讲，它也有"三十年河东、三十年河西"的说法。一代人有一代人的机遇，比如"70后"赚到的钱，"80后"赚不到；"80后"赚到的钱，"90后"赚不到；"90后"赚到的钱，"00后"赚不到。让"00后"去赚"70后"能赚到的钱，是不可能的事情。

每十年就会有一个小趋势，在成长的前十年，一些趋势与你的资源息息相关，当你拥有了足够的人生积淀，才能迎来十年的大趋势。

线下有很多企业是百年企业，但是电商行业，没有人说有百年企业的。电商企业变化速度这么快，何谈百年企业？未来的电商格局一定不会一家独大。如果按"三十年河东、三十年河西"的说法，电商已经走过20年，我们还将经历10年的黄金赚钱期。

电商消费者在前十年关注的是价格的性价比；在中间的十年关注的

是商品的价值，比如是否有特点、有差异点；在后十年，将走向精神消费层面，将关注产品是否新、奇、特，产品是否好玩、有趣，是否可以彰显个人风格。

电商企业前十年靠机会赚钱，中期靠营销能力赚钱，比如会打低价、会选产品、会分析市场、会找卖点，未来将是规模型盈利，只有成为有规模的品牌型商家才能实现业绩增长。

商家怎么才能做大规模？不是靠品牌做成规模，就是靠供应链做成规模，上面是品牌，下面是供应链。做到5000万元以上的企业，思考的是如何找到合作供应链、如何优化供应链、供应链如何垂直，以及如何升级产品。

对于电商产品，以前是线下引领线上，现在是线上引领线下，所以原来是消化线下的库存，现在是线上产品做得越来越好，做出很多爆品。未来爆品衰退后，我们就要做精品，包装精细、页面精美、产品精致，这种精品才能让消费者买单。

平台从流量供给平台成长为消费生长平台，消费者从价格消费者成长为精神消费者，企业从电商卖家转型为电商企业家，产品从货品走向精品，这就是电商的30年。

未来电商走向精品电商，有四个非常重要的转型方向，具体如下：

第一，品牌。如何做品牌？可以拿下老品牌的代理权，去做老品牌没有做过的事情；可以做新锐品牌，比如小罐茶、钟薛高这种类型的企业。

第二，高利润。我们要走向高利润区，做一些有创意的、有精神附加价值的产品。

第三，规模。围绕客户的精神层面做产品的研发，从营销型企业走向规模型企业，形成自己的供应链壁垒、品牌壁垒等。

第四，壁垒。当规模企业越来越多的时候，我们就做小市场。"航空母舰不进小河"，这种细分市场还有机会。

作业：请思考电商从爆品电商走向精品电商的红利机会。

四、精品电商的做法

迄今为止，电商已经进入了下半场，电商红利已经慢慢没有了，付费和免费的流量带动比例越来越低，大爆款战略已经成为过去时，现在需要正规化、专业化、精细化地去运营。平台对品牌的扶持力度是非常大的，如果你不是大品牌，而且你卖和大品牌一样的货，那是肯定无法和大品牌竞争的。

接下来的五年，供应链环节会极度内卷，大家不仅会打低价，更重要的还是要将产品做好，将产品开发得更精致。

在平台整个流量下滑的时期，我们的付费成本一定是变高的。平台为了提高流量产生的销售额，会更加注重流量的 UV 价值，也更加注重流量到底能在这个店铺产生多大的销售额。

举个例子。一个普通的商家卖跳绳，消费者可买可不买，如果是李宁卖跳绳，那么在同样产品的情况下，消费者更愿意支付更高的价格去购买李宁的跳绳。大量的品牌会不断地横向扩张，大量的低价竞争卖家也会不断地通过自己强大的供应链来支持自己打价格战。

电商下半场，平台保大不保小，就是保护大卖家，保护那些有机会做大的商家，不保护小卖家。这一两年，中小卖家觉得天猫难做了，流量在下滑，但事实上，第 7 层级的商家流量并没有下滑。那些流量下滑的企业都是只有单一爆款的企业，它的付费变高了，免费变少了，而且产品线太窄，就拿不到太多的手淘首页的流量。

那些做大品牌的店铺，它们的流量是没有下滑的，反而还在不断往上增长。还有一些是做新产品的商家，随着自己产品的数量变多、变好，它们的流量也在上涨。比如做"格子枕"的企业，这两年它的业绩增长速度非常快，平台已经非常明显地在做这种流量体系的调整。

平台不再保护某一个款，会把更多的精力放到保护整个店上。因此，消费者进到你的店铺能买多少件，能产生多少的销售额，基本上决定了你接下来能不能持续获得访客，这是平台的一个重要导向，也是导致电商企业一定要去做精品店的趋势。

流量的不增长会导致大卖家开始横向发展，它会持续地扩充自己的品类。未来的优质店铺一定要拉宽产品线，做更加细分的流量入口的组合。只有把产品线拉宽，才能让各种流量汇总到店铺里。

当大品牌、新品牌都在扩张品类的时候，中小卖家的出路在哪里呢？

> 运营精密，从规模中抠利润
>
> 市场精细，从专业中拔利润
>
> 产品精美，从传统中抢利润
>
> 人群精心，从升级中拉利润
>
> 传播惊喜，从渠道中组利润

1. 运营精密，从规模中抠利润

在做大爆款的同时，你要依靠极致的运营能力，做精细化的运营推广。别人不会引力魔方，你会；别人不会达摩盘，你会。你在价格力、市场力、动销力等方面做到精细化，就会形成规模。用规模获取更多流量，用规模换取搜索，这样你才能从中获得利润。

2. 市场精细，从专业中拔利润

当市场不够细分、不够专业的时候，你进去做，就会先发制人，早一步抢到先机。细分市场没有那么多对手，大卖家看不上，小卖家不知道，你进去做，还是有机会的。比如"指甲钳"这个细分市场，没有大量的品牌，也没有大品牌愿意做，如果你在这个细分领域做的视觉很好，那就有足够多的利润可以支撑你的发展。

3. 产品精美，从传统中抢利润

在别人不注重视觉呈现时，你去做视觉，做出和别人不一样的产品质感，你就有机会。比如别人都是做普通的杯子，而你做出一款冰山杯，一下子就会吸引到用户的眼球。你的产品做得很精美，消费者觉得自己没用过这样的，就会非常愿意去尝试。

4. 人群精心，从升级中拉利润

有一些人群有定制化、小众化、个性化的需求。如果你能完成小众产品的升级、改造、定制，那这部分人群也是愿意给你利润的，他们要的就是产品的独特。

在产品精美的前提下，消费者提出新的要求，我们就满足。通过这样的定制化，满足用户的诉求，将大众化产品变成定制化产品，也会获得很多的利润。

5. 传播惊喜，从渠道中组利润

消费者不仅在天猫、淘宝上购物，也会去抖音、小红书等平台消费。消费者想购买便宜的商品，可能会去拼多多；想购买自己熟悉的商品，可能会直接在淘宝上搜索；看到一个新奇的产品，可能会在小红书上搜索经验、在抖音上搜索产品的使用说明；看到某个产品客单价比较高，不想踩坑，可能会去知乎里搜索；等等。因此，在传播的过程中，你有没有让用户感觉到产品的独特和惊喜很重要。

  对于中小卖家来讲，只能通过精密的运营、精细的市场、精美的产品、精心的人群和惊喜的传播这几个方面去提高利润，这也是我一直强调的精品电商的发展思路。

  作业：请思考一下你对精品电商的理解。

五、六种流量分配导向

淘系的走势很明确，流量继续集中分配。平台在流量有限的情况下，就只能被迫集中，把优质的流量集中起来给优质的商家。

这个时期，淘系需要优质商家的支撑，保护其不被其他平台抢走。平台的重心在于扶持 TOP 商家、头部品牌、新锐品牌，尤其是新锐品牌，更是平台扶持的重点。

淘系的重点在于推动商家的创新，能把产品做宽的商家会获得大量的扶持。目前，淘系内部有五种类型的商家。

1. 品牌代理型

品牌代理型电商拿到品牌的代理权后，一定会用尽品牌的价值，用代理权限去做弱势品类，比如做美的酸奶机、做小米毛球修剪器。用大品牌去做弱势品类，获得的扶持流量会非常大，只要做就一定会做成。

2. 产品研发型

大品牌横向扩张，一定会挤压中小企业的生存空间，这也逼迫中小企业必须做产品研发。可以进行产品研发的电商企业，不断地将新品变成爆品，不断地建立产品开发体系，才能在市场中存活下来。

3. 薄利多销型

薄利多销型的商家可能没有产品研发能力，只会想着如何打爆款，通过低客单价和刷单的方式，和对手进行价格战。在这个过程中，拼的就是供应链，以规模取胜，这样的商家占有大量的低价市场，没有产品的创新，只有价格的优势。

4. 传统陪跑型

大多数的商家没有经过系统性的学习，对于电商的经营是不成体系的，只会照猫画虎，完全凭感觉去做，这个类目不好做，就换新的类目，这个平台不好做，就换新的平台，最后发现什么都没做好。这样的企业死亡率极高。

5. 新锐策划型

这类型的商家既不靠低客单价刷单，也没有大品牌的基因，它靠新视觉、新产品、新包装、新理念、新名字，来做新品牌。通过新、奇、特来提升品牌竞争力，从而获得平台的流量扶持。

淘系的流量分配有六种导向：第一，以坑产规模获取流量；第二，以品牌势能获取流量；第三，以细分市场、弱势赛道获取流量；第四，以高价市场、稀缺赛道获取流量；第五，以新产品创新获取流量；第六，以新品牌、新品类获取流量。

在纯粹的搜索流量越来越少的后期，一般的企业很难拿到流量，付费很高，也未必能拿到。前期基本上是靠产品驱动带流量，后期才是靠规模拿流量。

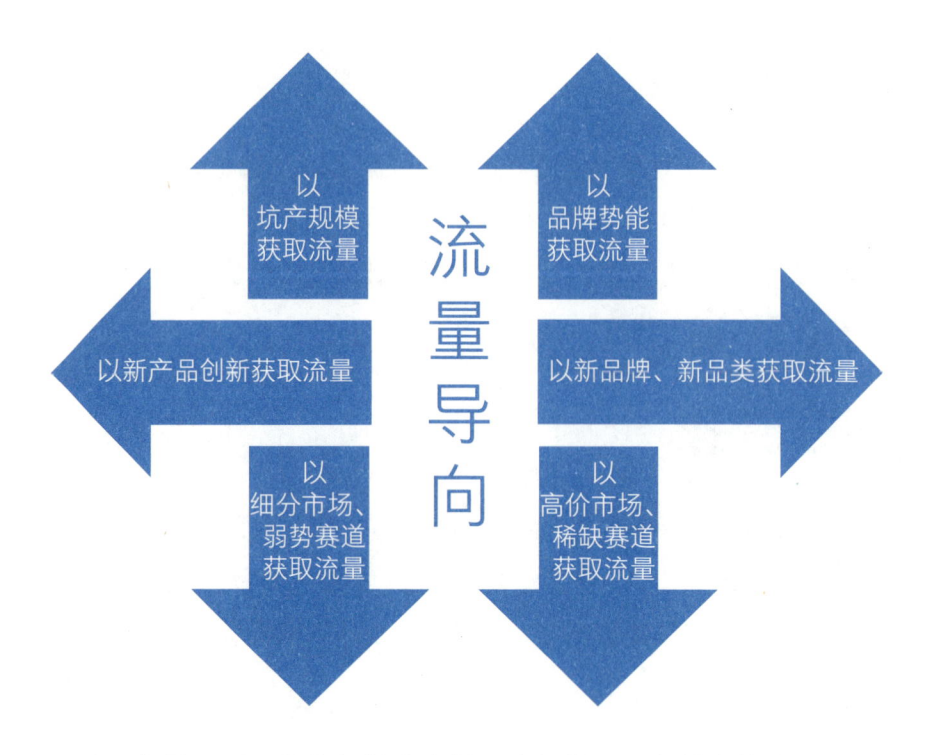

```
                    以                    以
                 坑产规模              品牌势能
                 获取流量              获取流量

     以新产品创新获取流量    流量导向    以新品牌、新品类获取流量

                    以                    以
                 细分市场、            高价市场、
                 弱势赛道              稀缺赛道
                 获取流量              获取流量
```

  要么你是工厂，价格打得非常低，有规模，以规模来换流量。要么你是品牌，因为你有品牌权重，靠品牌的效率来换流量。这两类企业都能做成规模，工厂靠低价可以做到低价的 TOP，品牌可以做中高客单价的 TOP，用规模化获取搜索流量。此外，做新品研发能拿到流量，做新锐品牌能拿到流量，这两种方式是靠新品换搜索。剩下的企业要么做细分市场，要么做高价市场，这类商家靠关联和标签的精细化程度来赚钱。

  作业：请思考你应该选择哪一种流量布局。

六、电商平台的竞争格局

有个学员与他的合伙人意见不同。他们是做母婴类目的,他觉得母婴还没做到天花板,所以准备拿个两三百万元去再开一家母婴天猫店,他觉得盈利也不是特别大的问题。他的合伙人觉得母婴产品挺适合做抖音的,现在抖音正值红利期,在纠结要不要进军抖音平台,他的合伙人认为如果不做可能未来做抖音就很难了,但没有办法保证完全盈利,只是趋势使然。

这是两个方向:一个能保证盈利,另一个不能保证盈利;一个是轻车熟路的老平台,另一个是新平台。到底该如何决策?

现在的电商平台流量在下滑,因此我们不得不思考如何完成转型,怎样从单一电商走向综合性电商。未来的电商是三合一的竞争态势,也就是未来我们既是货架电商,又是内容电商,还是场景电商、社群私域电商。总而言之,我们要布局全域。

一个人既要买东西(商业流),又要获取外部信息(信息流),还要和别人分享自己的所见、所闻,形成自己的社群,然后去完成社交(社交流),商业就是围绕这些展开的。

阿里巴巴以做商业流为主,它的社交流做得很弱,也很难做到内容化。腾讯是做社交流的,做各种各样的社交产品,它的商业流做得不好。今日头条是做信息流的,它没有办法让大家进行社交,也很难实现商品的变现。内容化的老大一定是抖音,社交化的老大一定是腾讯系。

电商要想赚到消费者的钱,要么进入他的社群,通过分享,让他完成交易；要么通过种草，让他了解这个产品然后完成交易；要么让他直接搜索关键词来成交。不同的人会在不同的场景下完成不同的交易。

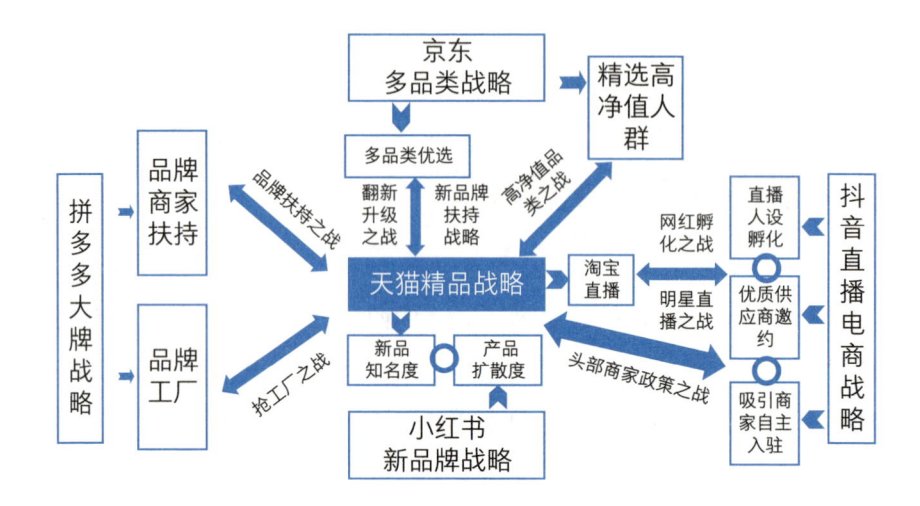

现在电商里有"春秋五霸"，拼多多是一霸，从低价开始进攻；京东是一霸，开始做横向、多品类新百货；抖音是一霸，从外部把流量吸走；小红书是一霸，在做种草推荐；天猫是最大的一霸，其他平台都在围攻它。

1. 拼多多

拼多多有两个战略：一是品牌商家扶持战略——百亿补贴，只要你是品牌，平台就补贴你；二是品牌工厂战略，如果工厂给别的品牌代过工，那么它优先扶持这种工厂，这样的工厂可以拿到特殊的资源。拼多多一方面通过百亿补贴去吸引天猫的商家入驻拼多多；另一方面和天猫抢工厂，直接从工厂拿货给到消费者，砍掉所有中间商。

2. 京东

京东原来只卖 3C 数码产品，现在售卖各种各样的品类，且它的很多品类对标的是天猫的产品，这些产品翻新升级之后在淘宝里卖不上价，到京东上反而很好卖。因此，天猫和京东在打翻新之战，而且京东也在扶持新品牌，更重要的是扶持那些优先愿意入仓、优先愿意长期合作的商家。它其实是一个供应链管理公司，而天猫是一个中介平台。

3. 抖音

抖音一方面做直播，鼓励商家直播带货；另一方面通过优质的供应链到各地去招商，还和各种明星做组合。

4. 小红书

小红书是唯一和天猫发生亲密关系的平台，小红书在推广新品，天猫也在鼓励大家做新品，所以它们两个强强联手，成为新品的首发基地。小红书也是文字版的，和天猫很接近。

5. 天猫

被围攻的态势导致天猫只能执行精品战略，打低价拼不过拼多多，天猫只能研发产品；京东拓展多品类，天猫只能靠新品实现性价比；与小红书联手合作，做新品的展现；与抖音的有趣相比，天猫只能快速找到性价比高的好产品，补给更为稳定的流量。

有一点需要注意，布局多渠道的前提一定是先在某一个平台站住脚，用产品说话，做好大本营的工作，才能去布局其他渠道，实现全域变现。

作业：请思考你在各个平台中的经营重心。

七、电商经营的五个段位

> 想做多平台经营，想完成更大的业绩增长，首先要知道自己的企业做到了电商的哪个阶段。
>
> ——大圣老师

电商市场包围圈

- 国际品牌商家
- 国际一线品牌商家
- 国内一线品牌商家
- 传统实体连锁商家
- TOP商家
- KA商家
- 新品牌扶持商家
- 资金资源型商家
- 工厂低价规模商家
- 中小微商家

电商圈就像个大蛋糕，最下面的是中小微商家，月销不到100万元的商家，生活在挣扎线上，尚不能从别人那里抢到流量，这一类电商企业特别多。

再上面就是有工厂、有供应链、有低价竞争力的企业。它们只要不放弃，就可以在市场里做成规模，打出大爆款。其中，那些运营能力强的商家，占到的蛋糕会多一点。

再往外是新锐品牌、KA 商家、TOP 商家，这一类基本上是平台在扶持，平台给了很多流量和资源，它们所能获得的利润更多，在市场中更容易经营持久。

再往外一个圈是国内一线品牌商家、传统实体连锁商家，如恒源祥、金利来、格力、苏泊尔、美的、361 等。

最外圈的是国际品牌商家，如优衣库、欧莱雅等。国际品牌的竞争力更强，它们在平台上不太喜欢降价，它们的产品非常受消费者的认可。

要想把电商做好，就要至少规划五年的发展，一年一个重点，才会获得发展。不要只是简单地做个爆款，更重要的是把它当成一个生意。

第 1 年，进行赛道、对手、定价的选择，然后选择供应链，接着通过营销来放大市场的效率。

第 2 年，做布局，升级你的产品，不断地做大你的销售额。你的布局做完了，店铺的安全系数就会提高。

第 3 年，通过自己建设的各种壁垒形成资源链。

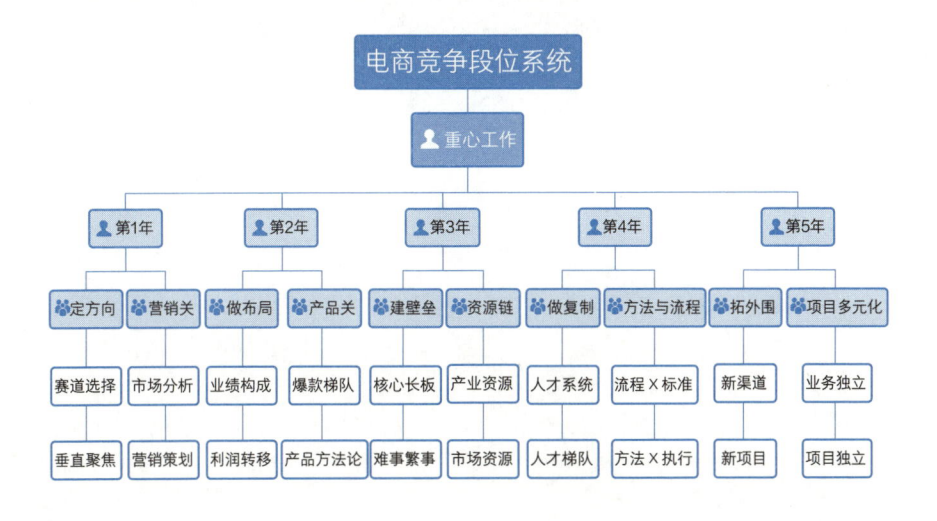

电商竞争段位系统
重心工作

第1年	第2年	第3年	第4年	第5年
定方向	做布局	建壁垒	做复制	拓外围
营销关	产品关	资源链	方法与流程	项目多元化
赛道选择	业绩构成	核心长板	人才系统	新渠道
市场分析	爆款梯队	产业资源	流程X标准	业务独立
垂直聚焦	利润转移	难事繁事	人才梯队	新项目
营销策划	产品方法论	市场资源	方法X执行	项目独立

第 4 年，做复制、做裂变，做项目的流程化、标准化，做人才体系的构建。

第 5 年，拓外围，做多平台，做多项目。

作业：请思考你处在电商的哪个段位。

八、电商的八个重大变化

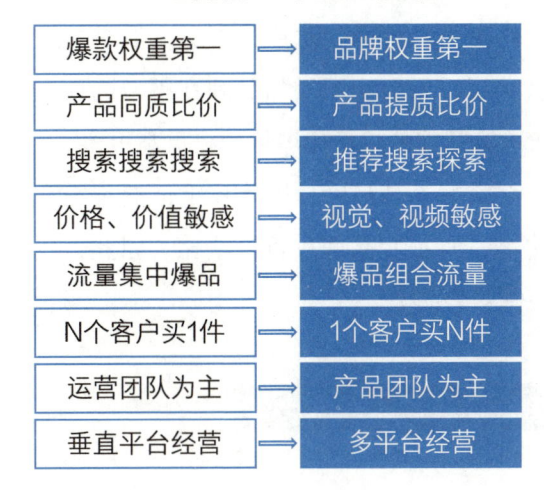

电商的八个重大变化

爆款权重第一	→	品牌权重第一
产品同质比价	→	产品提质比价
搜索搜索搜索	→	推荐搜索探索
价格、价值敏感	→	视觉、视频敏感
流量集中爆品	→	爆品组合流量
N个客户买1件	→	1个客户买N件
运营团队为主	→	产品团队为主
垂直平台经营	→	多平台经营

1. 爆款权重第一调整为品牌权重第一

2022 年之后，淘系做了流量分配的调整。我们之前也讲过，如果现在你的店铺只有一个爆款，那么你的付费占比会非常高，你可能付费带来 5000 个访客，免费流量才有 1000 个，甚至付费 1 万个访客，免费流量才有 1500 个。

为什么会出现这种情况？源于淘系的第一个重大变化：淘系将爆款权重第一调整为品牌权重第一。

举个例子。有一个学员做斯伯丁篮球，已经做到了类目第一，成为行业的老大。还有一个品牌就是李宁，知名度更高，近几年，李宁也开始拓展篮球类目。这两个品牌，一个是细分市场的老大，一个是半品类的大品牌。

我们通过后台数据分析发现，李宁进入细分类目后，本来销量75笔能成为行业的老大，但是李宁销量达到70笔，它获得的免费流量就与类目第一是一样的了，可想而知，品牌的权重占比非常高。最后的结果是：当平台流量很少的时候，平台认为只有品牌才能带来更高的溢价，只有品牌的效率更高。

客户看到某件商品，可能会犹豫买不买，但是如果这件商品是知名品牌，他可能就买了。平台为了增加品牌在平台的留存力，让更多的品牌留在平台，所以给品牌的权重比爆款的权重高很多。

当然，如果大家都不是品牌，爆款权重依然是很高的，但是现在不管爆款权重有多高，它都和品牌权重没法比。因此，我们要去拿品牌代理，用强品牌去做弱势品类。

2. 产品同质比价变成产品提质比价

比如一件商品，你卖79元我卖69元，我要把你打下来，对你的流量会造成很大影响。平台为了稳定这些商家，不会轻易地给低价商家太多的流量反馈，它打到上面来才有流量，打不到上面来是没有流量的。这就导致低价商家要花很多的钱进行战略亏损，才可以把对手的排名拉下来，而且要保留很长时间，让业绩稳定才有机会。

现在纯粹的价格战打法已经不灵验了，而且平台也不鼓励同质化的产品进行不断的价格战，平台出了关于价格力的政策，其实也是为了鼓励大家做新品，不要去做同质化产品。因此，我们要去提质打价格战，然后用价值战的方式来打价格战。

3. 从搜索走向了推荐

现在平台把流量池分成三个：付费、免费、推荐，其中推荐流量池越来越大。推荐流量池从原来的占比20%，已经扩大到占比50%。平台希望的是，所有的消费者从"上淘宝"变成"逛淘宝"，消费者只要在淘宝浏览过页面，回到首页后，它就会给消费者推荐一大堆的宝贝。

新的关键词、细分关键词非常重要，也就是说，你的店铺要有各种各样的产品，覆盖多种细分关键词，如果你的产品只能覆盖大词，那你将很难获得更多的推荐流量。因此，你要思考如何去布局产品关键词、关键词密度，如何让产品被推送的概率更高。

4. 从价格、价值敏感走向视觉、视频敏感

"70后"是看报纸长大的，就是文字，所以买东西只要耐用、能用就行；"80后"是看插图长大的，稍微有点审美，所以买东西只要实用就行；"90后"是看绘本长大的，对产品的审美要求变高了，看不上粗糙的东西；"00后"是看视频长大的，他们看东西都是戴着滤镜的，所以对产品更加挑剔。

如果你的产品没有在视觉上、感官上给消费者更多的色彩感，没有给到新、奇、特的感觉，那么他不会点击你的产品。新颜值、新设计、新功能、新材质、新概念的产品，智能化、社交化、趣味化的产品，更受"00后"的欢迎。因此，你要想办法升级产品，做新一代的产品。

5. 流量集中爆品变为爆品组合流量

原来流量集中在爆品上，但现在如果店铺只有单一爆款，那么广告费占比能达到15%~20%，甚至25%，这就要求商家进行转型。

当流量向下走时，平台为什么会放大推荐流量？为什么要让消费者

养成"逛"的习惯？其实就是希望提高流量的利润率，希望访客进来之后能够完成购买，他可能不喜欢这个产品，但是平台给他推荐更多的好产品，总有一个他会更有兴趣。

平台会将单一爆款的流量，给到打低价的工厂，或者给到品牌，如果不是这两类企业，不建议打大爆款战略，而是可以走爆款组合战略。这也是平台一直助力优质的中小卖家去拓展产品线的原因。

一个学员做母婴产品，一年大概可以做1.3亿元。但是他发现，店铺里只有爬行服卖得好，其他产品卖得都很差。这种情况下，竞争压力非常大，客户不容易复购，直通车费用越来越高，排名也很难再有突破。

他增加推广，但流量还在掉，因为爆款是有"瓶颈"的，等达到一定程度时就不会获得更多的流量。这时，他增加一些其他产品，比如婴儿的内裤、围巾，也卖不动。流量集中于爆品已经变为爆品组合流量了，所以商家要把频率拉宽，靠卖得多才能卖得好。

怎么在流量有限的范围内做好生意呢？我们可以参考线下——消费者要么提高消费次数，要么提高消费件数。所以，我建议他把其他产品布局起来，他说他布局了但卖不动，我说那是因为他布局的数量不够。所有做母婴的、层级比较高的店铺都有七八百款，他的店铺才有140多款，肯定是不够的，接下来，就要大量地补充品类。

布局产品的密度加强，就会出现极大的反转。将很多同类型的产品放到一起，店铺自然而然就会形成标签，随着产品的上新，消费者在"逛"的时候就有更多的选择性，就不会去别的店铺买，而是在这一个店铺就完成了。

在这个学员的店铺不断上新，上到600多款之后，它的整个销售额从原来的1.3亿元上升到了30多亿元，而且广告费占比降到4%~5%。

我要特别强调，流量已经从高度集中于爆品，变成通过几个不同的爆款组合出来一定流量，完成结网，实现动销，相互之间彼此引流，品类之间的充分关联才是未来最大的红利。

6.N个客户买1件变成1个客户买N件

上面所讲的第5个变化直接导致客户从买1件，变成买N件，所以团队的客服部门越来越重要，产品开发团队越来越重要，产品的宽度越来越重要。我们需要把销售意识改成组合意识，来完成消费者对不同产品的购买。

当你的店铺里有很多产品能够满足消费者的时候，平台会认为你的UV价值更高，平台更愿意把你的产品推荐给消费者。同时，你要做私域布局，如果不做私域，你会发现未来的成本越来越高，所以可以通过产品的拓展来完成私域的布局。

7. 运营团队为主变为产品团队为主

以后你公司里最重要的部门不是运营部门了，而是产品部门、视觉部门、品牌部门、供应链部门、运营部门都很重要。

运营从原来的技术运营变成产品运营、视觉运营、品牌运营和供应链选品运营。公司最核心的部门就是产品部门，因为产品要开发，产品要升级，产品要组合。

8. 垂直平台经营走向多平台经营

只在一个鱼塘里钓鱼是钓不到的，一定要布局多平台。既要稳住大本营，又要找到补充的渠道，只有这样，才能逐步地从一个平台变为多个平台，不要一上来什么平台都去做，对于自己不确定的平台、没有办法短期建设的平台不要花太大精力。

作业：这八个变化中，哪个对你的影响最大？

九、电商大店的公式

> 几乎所有整店布局做得好的电商,很少受到平台流量的冲击,都是活得很好的商家。
>
> ——大圣老师

现在的淘系平台保大不保小,保店不保款,流量市场已变成存量市场,形成了大鱼吃小鱼、快鱼吃慢鱼的态势。单一的大爆款已经不足以支撑店铺的经营,整个店铺的品类结构一定要完善,要把品类拉宽。

为什么很多第6层级的店铺冲不到第7层级?就是因为品类太单一。你到了很高的层级,接触的是大量的流量,一定要具有流量的承载能力。

在2022年之前,大店打爆款,获得更多展现,提高点击率、转化率,从而实现销售,这种单一产品的运营思路是非常有效的,但现在这种思路很难奏效了。现在的店铺销售额有个新公式,即销售额=(用户数 × 产品数 × 渠道数)^n,这个公式很重要。

这个公式意味着电商有四条路:第一,你把用户做多,以产品为中心拓人群;第二,你把产品做多,以人群为中心拓产品;第三,你把品类做多,以场景为中心拓品类;第四,你把渠道做多,渠道拓宽,做多平台布局。

销售额=（用户数×产品数×渠道数）^{n}

把用户做多	把产品做多	把渠道做多
以产品为中心拓人群	以人群为中心拓产品	淘宝渠道 拼多多渠道 京东渠道 抖音渠道 快手渠道 小众渠道 跨境渠道 商超渠道 礼品渠道

把品类做多

以场景为中心拓品类

现在流量变少了，电商只有这四条路可以走，走好这四条路，业绩才会稳定，店铺才能真正成为大店。凡是单一用户、单一产品、单一品类、单一渠道、单一属性、单一爆款的企业，在未来很难活得好。这几个单一就基本上决定了它无法获得更大的流量，也无法完成更大的延展，做起来会越来越难。

因此，我们需要思考的是：店铺有多少个品类，多少个宝贝，覆盖了多少价格段，有多少个宝贝的关键词等。有的商家把SQ（某品牌下的品类数目）拆得很散，把产品数量变得很多。

现在消费者的购买效率越来越高，所以你要让一个访客创造N个价值，让N个产品创造一个大店，让一个大店创造品类平台。

如果店铺一年有两个亿的销售额，那么就不能随便脱离平台。所以，平台要怎么留住商家呢？就是鼓励商家做大店、做宽店，鼓励商家把产品的密度给做起来，只有把人力、物力、财力、产品力等都投到平台，商家才能离不开平台。

下面我给大家分析一个案例。有个学员困惑于两个问题：一是为何他迟迟打不出其他爆款？二是为什么他做到行业类目第一，免费流量却干不过别人？

这个学员是做荞麦面等速食面条的，荞麦面已经做到类目第一，他想打第二个爆款。按理说他做到类目TOP，运营水平、推广水平、产品力都应该不错，但就是打不出第二个爆款，而且他的店铺整体免费流量居然没有排在他后面的店铺流量多。

他的店铺里基本上都是面，包括儿童果蔬面、拌面酱、实惠面、礼盒装，它的属性是高度统一的，且品类极度单一。他店铺的宝贝，总共才有21个。全店的品类单一，宝贝数量又很少，你明显可以感受到他自己的付费占比应该是不低的。

平台有一个规则：一个关键词最多展示一个店铺的两个宝贝。也就是说，某一款商品做得好，第二个同类型的商品就可能做不到TOP。在这样一个标品市场，在每一个品类里都有强势的对手，可能对于荞麦面，他做得很早，做得好，做到行业TOP，但其他蔬菜面就不一定能做到前面去，因此他花了很多钱去打这个爆款也打不起来。他在打另一款产品时，店铺大爆款的流量也会受到影响。

再来看看他的竞争对手，销量没有他高，但是免费流量比他多很多，而且付费要比他低，都是一样的荞麦面，一样的口味，产品质量也没有差很多，为什么可以获得比他多的免费流量呢？

我们先看竞争对手的宝贝分类，一看就知道这个店铺非常有布局思维，它已经很明显地把自己往大店的方向来做，它的产品数、用户数和渠道数都是在增加的。它的产品有早餐吃的欧包、面条、调料等。从早餐、中餐到晚餐，从小食到正餐，这个店铺的产品全覆盖。

竞争对手店铺的宝贝数量远远超过我这位学员的店铺，而且竞争对手店铺在面条下面关联了辣椒酱、牛肉粒、橄榄油、葱油汁等，这些刚好可以和面搭在一起。这个店铺围绕客户要代餐的概念，把自己的品类、客户、人群全部完成了拓展。这个店铺的宝贝数量密度够，品类比较多元，产品也有关联性，平台会将用户优先匹配到这种店铺。

竞争对手店铺的浏览深度够深，产品动销够好，店铺层级较稳，而且整个私域做起来非常容易，很显然，它的寿命比我学员的店铺长，因为它非常符合大店的销售额公式。

所以我们说的布局不是简单的一个点的布局，而是整个店的布局。优秀的店铺，一定有优秀的全店框架，这决定了店铺的优秀程度。

作业：请思考你的业绩是否来自布局上的成功。

十、多店布局的思考

> 我们总觉得自己之所以成为行业佼佼者，是因为厉害，于是也认为按照原来的方法去做其他的事情也能做好，缺乏对市场持续的审视和敬畏，这才是踩坑的根本原因。
>
> ——大圣老师

过去十年在电商里赚到钱的人，很多又赔回去了。一些特别能赚钱的人，会放大自己的欲望，然后扩张很多的店铺，但是不得法，最终以关门告终。所以在多店布局的时候，我们必须要思考，布局新的店铺是不是安全的。

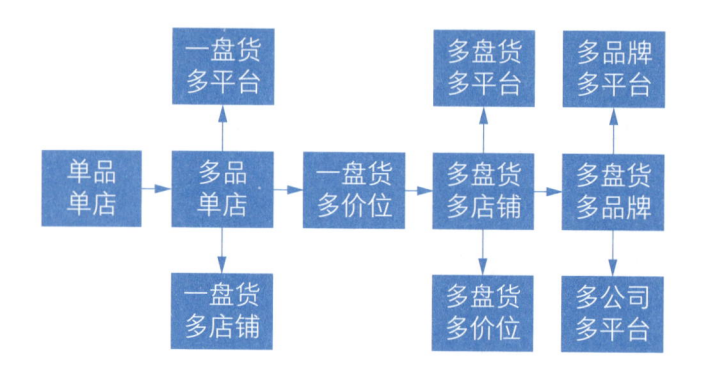

```
                    ┌──────┐        ┌──────┐    ┌──────┐
                    │一盘货│        │多盘货│    │多品牌│
                    │多平台│        │多平台│    │多平台│
                    └──┬───┘        └──┬───┘    └──┬───┘
                       │               │           │
┌──────┐  ┌──────┐  ┌──┴───┐  ┌──────┐ ┌──┴───┐ ┌──┴───┐
│单品  │→ │多品  │→ │一盘货│→ │多盘货│→│多盘货│→│多盘货│
│单店  │  │单店  │  │多价位│  │多店铺│ │多品牌│ │多品牌│
└──────┘  └──────┘  └──────┘  └──┬───┘ └──────┘ └──┬───┘
                       │          │                 │
                    ┌──┴───┐   ┌──┴───┐         ┌──┴───┐
                    │一盘货│   │多盘货│         │多公司│
                    │多店铺│   │多价位│         │多平台│
                    └──────┘   └──────┘         └──────┘
```

企业扩张是有一套系统和一些步骤的。先开始是单品单店,逐步地把它做成多品单店,但是单品单店、多品单店都是单店,是集中兵力把一个店铺搞好,把业绩做上去。

但店铺发展是有"瓶颈"的,做到一个位置后,它的销量很难再往上突破。比如,类目第一的市场份额在整个行业大盘的占有率不会超过 2.6%~2.7%。这个时候有的人就会做一盘货多店铺,或者一盘货多平台。

同样一盘货,你可以通过多个店铺、多个品牌、多个价位段、多种视觉风格来把业绩给做大。大多数人开始做多点布局,都是从这里开始的,随着这种布局的推进,慢慢发现流量会相互冲突,然后主店能起来,副店起不来。这个时候,你必须思考让一盘货多价位地增长。

把一个店铺从只会打低价变成多价格段的运营,才开始真正地具备所谓多盘货多店铺、多盘货多平台的能力。所以很多人做多店铺布局做不起来的原因就是他一个店铺没起来时,就开始复制原来的经验去做新店铺。

我们讲多店布局,不是多开一个店,多店布局是让每一个店铺都拥有战略使命。比如,这个店铺专门用来养工厂,给工厂订单不要求多赚钱,但是能保证工人的开支。另一个店铺用来打低价,做"防火墙"。再来一家店铺,尝试做高价,做动销。最后一个店铺做品牌代理,专门拓新品等。每一个店铺都有特殊的使命,而不是把你原来的开店过程复制一遍。

多店布局的重点不是复制,而是要重新选择,重新布局。具体可以参考下图内容。

店群布局思维

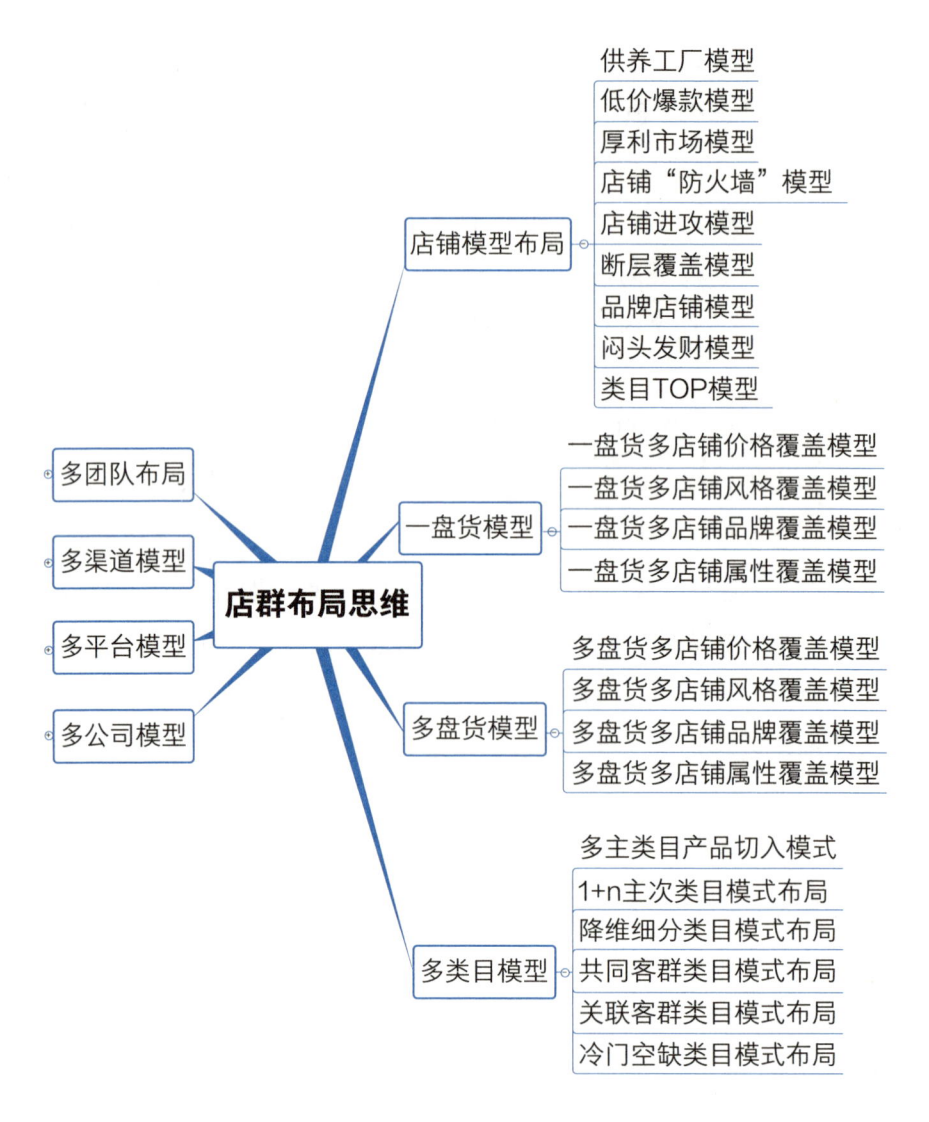

多团队布局

多渠道模型

多平台模型

多公司模型

店铺模型布局
- 供养工厂模型
- 低价爆款模型
- 厚利市场模型
- 店铺"防火墙"模型
- 店铺进攻模型
- 断层覆盖模型
- 品牌店铺模型
- 闷头发财模型
- 类目TOP模型

一盘货模型
- 一盘货多店铺价格覆盖模型
- 一盘货多店铺风格覆盖模型
- 一盘货多店铺品牌覆盖模型
- 一盘货多店铺属性覆盖模型

多盘货模型
- 多盘货多店铺价格覆盖模型
- 多盘货多店铺风格覆盖模型
- 多盘货多店铺品牌覆盖模型
- 多盘货多店铺属性覆盖模型

多类目模型
- 多主类目产品切入模式
- 1+n主次类目模式布局
- 降维细分类目模式布局
- 共同客群类目模式布局
- 关联客群类目模式布局
- 冷门空缺类目模式布局

除了确立正确的布局思维，你还要知道如何避开电商扩张路上的坑。很多人都想把电商做大，但在扩张的过程中会遇到大大小小的坑，总结如下。

```
合伙坑   自负坑   经验坑
                          认知坑
发展坑   跨界坑   精力坑
```

1. 合伙坑：相交不深，就去合作

合伙人是最难找的，你会发现合伙最多的是同乡、同窗、同事、同学。如果你们之间没有一定的交往基础就去合作，那么做着做着你就会把自己掉到坑里。

2. 自负坑：运气赚钱，归功自我

很多老板过于自负，总是把赚钱归功于自身的能力。每一个平台、每一个项目都有不同的逻辑，过于自负一定会在某个时刻栽跟头。

3. 经验坑：不同类型，操作相同

你的经验不能在不同的类目复制，你一定要认真地对待和审视第二个项目，在扩张的过程中，不要轻易改变自己的优势，而要发挥自己的优势。

4. 认知坑：道听途说，追风外扩

总是道听途说、捕风捉影，对市场没有做细致的分析，对行业的品类没有做深入的了解，就开始布局新项目的人，一定会吃亏。

5. 发展坑：赚钱太快，人员太多

在发展的过程中，因为人员去找项目，而不是站在自身角度思考如何扩张项目，这样的操作也很难成功。

6. 跨界坑：跨行跨类，盲目外拓

对跨界内容不是很了解，只是头脑一热，就进去做，大多是亏损的。"隔行如隔山"，不要低估跨界的难度，一定要做好万全的准备，否则很难成功。

7. 精力坑：鸡蛋很少，篮子太多

精力不够，兵力不足，还要经营很多店铺，一定做不好。

要记住，电商的扩张，只扩张优势，不扩张规模。比如，我视觉做得厉害，就扩张那些视觉不行的类目；我运营厉害，就扩张那些运营不行的类目；我代理品牌厉害，资源很好，就扩张没有品牌的类目；等等。

作业：复盘你的扩张布局之路，并思考你的布局心得。

十一、强品牌企业的做法

强品牌企业

弱势品类扩张+常规爆款截胡

经过我们研究发现，真正能够把企业做好的企业有四类：强品牌企业、强供应链企业、强产品企业、强视觉企业。这四类企业能实现持续盈利，在任何一个平台都能做得好。所有电商平台都会重点扶持这四类企业。其中，强品牌企业有自己的品牌定位，在市场中已经形成品牌效应。

做零售最终的壁垒就是品牌。只有把品牌做好，把供应链扎深，企业才能形成核心的壁垒。

强品牌企业的做法是：弱势品类扩张 + 常规爆款截胡。首先，品牌的优势很明显，就往那些没有品牌的地方去扩张，就去做那些弱势一点的品类。例如，李宁去卖跳绳，一做就是第一；南极人去做一次性内裤，也很容易就成为行业 TOP。所以，像这种大品牌去做一些没有品牌的类目，是非常容易做到第一的。其次，作为品牌，要时刻关注对手卖家，谁做出了爆款，就直接借鉴。

举两个例子。林氏木业不仅仅卖家具，它已经扩张到户外家居、办公家居、家居饰品等细分类目。它切入了床垫、家居收纳、儿童学习桌、儿童学习椅、鞋柜、鞋架、懒人沙发市场，甚至扩张到了户外类目的市场。

公牛是做插线板的，现在它做智能窗帘、智能晾衣架，在这些市场里，它靠品牌的影响力进行扩张。当然在扩张的过程中，关联度越强，越能带来更大发展。公牛已经扩充了移动电源、移动充电器、USB接口这些类目，它可以轻轻松松切进去，就是因为它是强品牌，且扩张类目关联性极强。

应对策略

警惕：发现大品牌进来要注意

办法：通过各类途径去拿品牌授权

措施：紧盯那些有常规创新的爆款

如果你所在的市场里有大品牌进来，那你一定要警惕，要知道你将越来越难做，因为它会截胡你的爆款，因此，你要有意识地去做产品的开发和迭代，做一些细分市场和垂直市场，不要和他们硬拼。

好一点的办法就是通过一些途径去拿品牌授权，并用品牌去做弱势品类。在你拿了品牌代理后，你要盯一下行业的爆款，然后思考用这个品牌加上爆款，是不是有更大的爆发力。

我们一定要记住零售的终极方向就是品牌，所以建议大家把钱花在产品研发上，花在品牌建设上，花在视觉创新上，花在供应链上。

每一个品牌都有自己的生存空间，所以拿了一个代理品牌后，你要考虑这个强品牌在什么样的品类里最有竞争优势，应该采取什么样的打法来实现利润最大化。

作业：思考你如何成为或应对这类企业。

十二、强供应链企业的做法

强供应链企业

升级式爆品+性价比+规模

布局品牌是我们把企业做强的一个方向，如果我们无法往上成为品牌，那我们还有一条路，就是往下强化供应链。供应链是一切零售的根，而品牌是一切零售成长的方向，如果我们成长的方向不够强大，那我们一定要把根扎得足够深，只有这样，才能守住自己的阵地。这是电商企业必须具备的能力，要么向上走，要么向下走。

你要成为一个强供应链的电商企业，只要你的供应链足够强，做任何平台都能成功。如果你有自己的工厂，你就可以研发产品、控制成本，成为一个有规模又有利润的电商企业。

我们走访了很多强供应链的企业，发现它们有一个确定的做法，就是升级爆款、提高性价比、跑规模。用一句话来总结，就是它们用打价值战的方式来打价格战。

如果你有自己的工厂，那就在公司组建一个强产品小组，每天研究对手的爆款，思考对手的爆款如何升级，然后用最低成本改造出爆款的 2.0、3.0、4.0 等。产品升级后就能占领市场，这种企业最有机会打阵地战。

有些品牌是做不了低价的，因为它要讲调性，所以它要放弃一定的市场份额。你可以通过薄利多销来实现规模放量。当然，我更建议强供应链企业既要打价格战,也要打价值战,最好的方式是用打价值战的方式来打价格战。

举个例子,义乌有很多工厂生产鞋垫。有些工厂店铺在颜色上做点调整,改成绿色,视觉上突出一些,然后告诉消费者它的产品是艾草除臭鞋垫,同时具有减震的作用。它通过可视化的特点把自己的产品与其他产品区分开来,价格就能翻倍,月销还提升很多。

应对策略

> 警惕:大量供应链已经走向开发型
>
> 办法:通过稳定的SPA模式整合供应链
>
> 措施:依靠性价比+产品创新拿规模资源

对于强供应链企业,你怎么应对?当强供应链企业进入你的行业时,你必须着重和供应链企业合作,想办法做产品的研发升级。工厂打低价不可怕,最可怕的是工厂研发新产品打低价,所以在供应链没有具备开发能力之前,你要和供应链产生合作,形成SPA模式。

什么叫SPA模式?它是以一个完整的产业链为结构的供应链产品开发模式。比如,我是电商,你是工厂,咱们两个合作开发模具,风险共摊,模具费共出。开发完之后,工厂不用做电商,你要独家给我供货,我卖掉之后,每卖一单给工厂分多少利润。如果卖不掉,产品还是我们两个共同研发的,工厂的职责就是给更多的人供货,把这个产品给消化掉。

电商一定要把根扎到供应链里。卖得好的时候,工厂和电商企业同时赚钱,卖得不好的时候,工厂去给别人供货,电商企业收回模具费就可以了。

对于中小电商企业来说,要想超过对手,其实就是依靠有性价比的供应链,然后做一些产品的小创新,这样既能跑一定的规模,又能有一定的利润。

电商升级产品后实现规模，再靠规模去整合更多资源，通过溢价空间去研发新品，上直播间，让更多的消费者购买，这已经是企业的一种生存模式。

作业：思考你如何成为或应对这类企业。

十三、强视觉企业的做法

强视觉企业

类品牌体系+场景化创新

电商的产品都是通过视觉表达的方式呈现给消费者,像裤子柔软、弹力的特性,都是通过视觉表达来呈现。因此,视觉是产品的第二竞争力,它就是产品力的一部分。

一双鞋子摆在那里拍是一种感觉,模特戴着白手套捧着这双鞋子拍是一种感觉,穿在脚上拍是一种感觉,所以视觉的妙处非常大。

在强品牌、强供应链、强视觉、强产品的四种方向中,最容易实现的就是强视觉。如果你愿意在视觉上花钱,那么你的店铺变化会非常大。很多黑马型品牌,就是在视觉上下了不少的功夫,比如蕉内的视觉让人耳目一新。

所谓的强视觉企业,就是你要有品牌的视觉体系和场景化的创新能力。视觉一定是风格统一的,这样看起来才像个品牌,有标准的 LOGO,有统一的主图,同时要和你现在所处的行业场景是完全不一样的。

像下图的这个品牌,主卖拖鞋。以前卖拖鞋的企业都是直接拍摆在地上的鞋子,白底图片,而这个品牌是用时装的标准来拍拖鞋,用时尚感的场景去塑造拖鞋的高档感,让鞋子有了点"高大上"的感觉。

这个产品明明普通，但是消费者会觉得它不一样了，会觉得它值得购买。这种视觉出来之后，店铺的粉丝量快速提高，很多人的停留时间变长了，也更愿意去收藏这样的店铺。同时，把视觉做好了，手淘推荐的力度会变大。它已经上升到时装的感觉，整个店铺的主图也很统一，视觉感也很一致，它既可以卖得很贵，又可以卖得很好。

应对策略

舍得：在视觉造场上舍得花钱
办法：类品牌是必然发展之路
本质：内容化视觉才是传播式视觉

要想成为视觉型的电商，就要舍得在视觉造场上花钱，进行类品牌的体系建设，做好内容化的视觉。

作业：思考你如何成为或应对这类企业。

十四、强产品企业的做法

强产品企业

产品布局体系+产品翻新效率

产品是零售的载体。消费者之所以会买品牌的产品，就是因为他没得选，商家做的产品都差不多，那为什么不买品牌的产品呢？但如果你能做产品创新，消费者肯定是愿意买你的产品的，所以，强产品的企业是能活得最久的。一个强的品牌，也是因为它的产品有竞争力，才能成功。

如果说供应链是电商的根，品牌是电商成长的方向和天花板，视觉是电商和消费者交流的载体，那么，产品就是实现这一切最重要的核心。

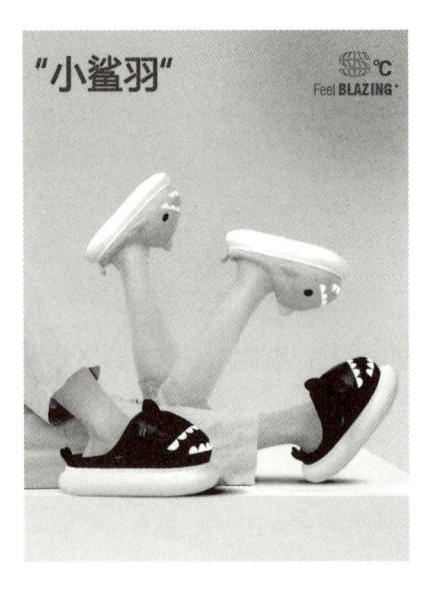

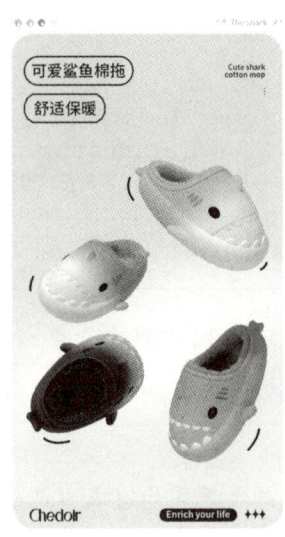

强产品企业赚钱的逻辑是什么？首先是产品布局上有自己的体系，其次会强调产品的翻新效率。体系是指产品的风格统一，形成系列；翻新是指在开发的过程中不断升级，加强产品的使用效果。

上页图片中的品牌，所有的产品都是小鲨鱼的样子。所有产品的风格都是一样的，特质都是鲨鱼形态，都属于一套体系。

怎么让消费者觉得产品是属于你的产品？如何不被别人抄袭？答案就是要有一个非常健全的产品布局体系。因此，一个强产品企业一定是先有产品布局体系，再去发展。这种公司的产品既可以卖较高的价格，又能够获得粉丝对它的关注，更重要的是在市场中没有人去抄袭它。

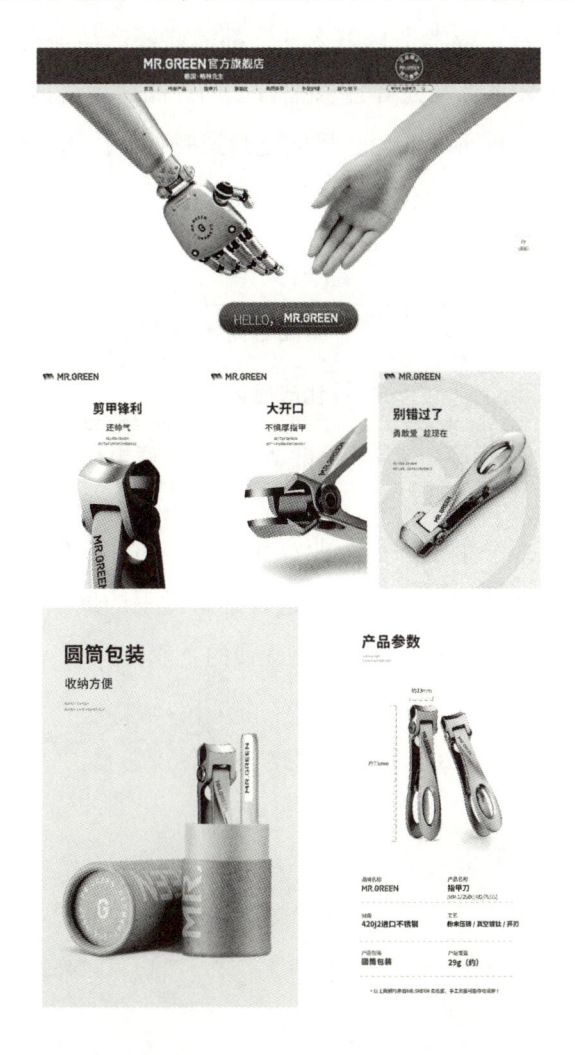

上页图片中的指甲钳，视觉上做了升级，一个机械手加上人手，说明指甲钳是用科技的力量做的，给人一种戴森的感觉。它在细节方面做了升级，在造型上做了两个镂空设计，在颜色上做了改变。不仅如此，它还配了特殊的小包装。这样的产品升级后，指甲钳才可以卖出价钱，也会有消费者想要购买。

未来的电商一定是精品电商，产品精致、页面精美、包装精细、运营精密，这是大势所趋。精品电商时代到来之后，任何运营技巧都无法发挥决定性作用，所以，我们要在公司里成立产品研发部门，把产品做好一定是永远不变的竞争力。

不管什么平台，或者平台怎么变，都需要好产品。有些学员照着直播间的标准来开发产品，总是能够把自己的产品送到直播间，然后卖爆，爆完之后让达人再推再爆一轮，爆完之后通过一些广告，再向站内引流。这充分说明产品就是永远不变的竞争力。

应对策略

大势所趋：精品电商不容质疑
办法：强化产品体系能力
措施：学习产品翻新，创新电商思维

我们如何成为一个强产品企业？我们的产品开发体系健全吗？我们的产品开发线条明确吗？我们如何连续翻新对手的爆款？如果你把这些问题想清楚了，未来一定会成为持续赚钱的企业。

作业：思考你如何成为或应对这类企业。

04 第四章 ENLARGE CHANNEL
放大渠道
「多平台布局，突破发展的"瓶颈"」

电商企业经营精髓
（大圣版权所有）

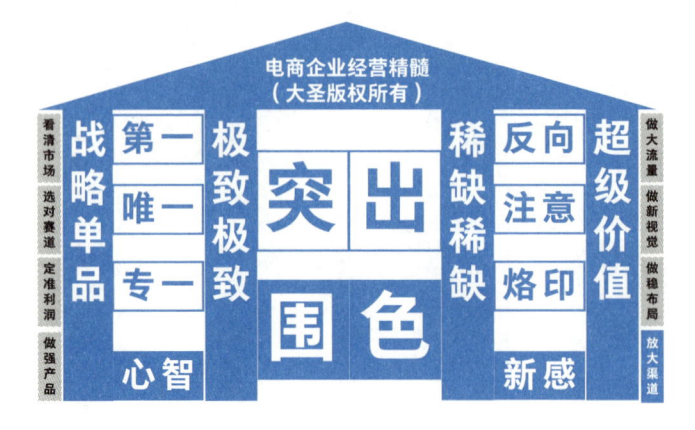

战略单品	第一唯一	极致极致	突出围色	稀缺稀缺	反向注意烙印	超级价值	
看清市场 选对赛道 定准利润 做强产品		心智			新感		做大流量 做新视觉 做稳布局 放大渠道

> 2023年之后进入综合电商的时代，各大平台都在向着多元化的电商状态发展。更重要的是，现在各大平台流量都很少，而且流量变得很分散，所以对于商家来讲，要想突破发展的"瓶颈"，得到业绩的提升，就要考虑多平台的变化和渠道的布局。
>
> 本章全面分析了天猫超市、1688、天猫国际、跨境电商、京东、拼多多、社区团购、社群团购、抖音、小红书、美团、得物、唯品会等渠道的特点，给出了商家入驻和经营的关键点，希望能为商家提供一些渠道开发和运营的思路。

ENLARGE CHANNEL

一、综合电商时代

> 随着各大平台的流量变得分散，对于商家来讲，要想实现业绩增长，就必须考虑多平台运营。
>
> ——大圣老师

很多电商企业在遇到关键词"瓶颈"、单品"瓶颈"、品类"瓶颈"、店铺"瓶颈"的时候，通常会用增加产品或者增加店铺的方式来提升业绩，但增加产品会增加库存，增加店铺会增加人员，这两种方式无形之中又给企业带来额外的负担。有一种最快提升业绩的方法，就是增加平台，通过渠道的复制，共用一类人群、一种库存结构来应对平台单一的风险，实现渠道的布局。

电商企业在做大做强之前，一定要先看清市场，对市场进行细致的分析后，去选择合适的赛道，剖析行业的竞争对手，定准产品的利润，接着去做视觉转化的流量承接，把产品做强、布局做稳，围绕销售做产品组合，再将流量做大，最后通过各种渠道放大这套系统。放大渠道是电商企业经营的最后一步。

2023年之后进入综合电商的时代，电商不再是货架电商了，已经演变成场景电商、社交电商、内容电商、社群电商等。不像以前一提到电商就是淘系，现在各大平台都在向着多元化的电商状态发展。更重要的是，现在各大平台流量都很少，而且流量变得很分散，所以对于商家来讲，要想突破重重阻碍，得到更大的发展，就要考虑多平台的变化和渠道的布局。

曾经的货架电商时代，店铺只要将一个产品打造成爆款，就能获得很多的流量，而现在店铺如果仅靠单一爆款，成本将非常高，而且风险也会增加。在人人都会打爆款、都会使用付费推广的今天，虽然爆款的权重依然重要，但平台已经开始弱化单一爆款的权重了，它更愿意将流量分配给品牌，因此，品牌的权重大幅提高。此外，原来只靠打低价，店铺就会有业绩，现在只有升级了产品且定价适中，才会有业绩。

在流量不再增长、竞争对手变多的时期，再也没有一家独大的电商平台了，任何一个平台的市场份额都十分有限。流量的分散、平台的多元会导致消费者的注意力被分散到各个渠道。消费者在拼多多购买低价耐用的产品，在淘宝购买常消费的熟悉品类，在小红书精挑产品，在抖音搜索需详细了解的产品、新品，在知乎了解专业产品，在社群购买特殊定制的产品，在美团购买急需或体验性产品……任何一个平台都有发展好且赚钱的商家。

在综合电商时代，多平台发展的好处有很多，同时存在各种难点。

1. 多平台发展的好处

- 增加收益。通过在多个平台上发布内容，你可以增加收益。如果出现爆款内容，收益还会更多。
- 减少损失。运营单个平台时，如果触犯平台的规则，就可能造成限流或者封号，导致之前的努力前功尽弃。但如果是多平台，即使一个平台被封了，还能运营其他平台，损失就不会太大。
- 精准定位内容。每个平台的规则不一样，也许你的内容在这个平台不受欢迎，在另外一个平台上就突然成为爆款。多平台运营可以让你更好地了解每个平台的特色和受众，更精准地定位内容。

- 获得奖金的机会增加。大部分平台都有活动，而且会有奖金和流量扶持。多平台运营可以让你接触到更多的活动和机会，增加获得奖金的机会。
- 分散风险。多平台运营可以分散风险。把鸡蛋都放在同一个篮子里是有风险的，如果某个平台出现问题，你还可以在其他平台上运营。
- 增加曝光机会。多平台运营可以增加内容的曝光机会。通过在不同的平台上发布内容，可以让更多的人看到你的内容，提高知名度。
- 吸引不同的客户群体。每个电商平台都有自己固定的客户群体，他们的年龄、喜好、购买习惯都不尽相同。多平台运营可以让你吸引到不同平台的客户群体，扩大受众范围。

2. 多平台发展的难点

- 资源和精力分散。在多个电商平台上投入过多的资源和精力，会导致资源和精力分散，无法集中力量做好某一个或几个平台。
- 竞争加剧。同时进入多个电商平台，会面临更加激烈的竞争。同一产品在多个平台上销售时，也会面临来自其他商家的竞争，这会减少产品的销售量和收益。
- 规则和政策不同。每个电商平台的规则和政策都不尽相同，需要针对不同的平台制定不同的运营策略和流程。这会增加管理和运营的难度和成本，同时可能导致产品的管理混乱和信息不一致。
- 客户服务难度增加。在多个电商平台上销售产品，需要为每个平台提供不同的客户服务。如果客户服务不到位，就会导致客户流失和口碑下降。同时，不同平台之间的客户体验可能不同，这也会增加客户服务的难度。
- 数据难以管理和分析。在多个电商平台上销售产品，会产生大量的数据。如果数据难以管理和分析，会导致难以制定有效的营销策略和决策，也会增加数据泄露的风险。

因此，做多个电商平台前，需要评估自身的实力和资源，选择适合自己的平台，并制定有效的运营策略和管理流程。同时，需要注意风险管理和数据安全，确保业务稳定和可持续发展。

作业：请回顾你选平台时的决策过程。

二、天猫超市渠道

天猫超市诞生于 2011 年 4 月，作为阿里巴巴自营、优质平价的线上超市，天猫超市业务覆盖全国，并在大多数城市实现了"1 小时达""当日达""次日达"。

弱势品类或者低敏感度的产品，即属于耐消品，对产品要求不是特别高，或行业大品牌，且属于广泛销售型的产品，非常适合在这个渠道发展。

天猫超市是淘系重要平台之一，近几年，销售份额占淘系销售总额的比例越来越大，成为各大品牌争相入驻的渠道。下面为大家介绍一下天猫超市入驻和经营的关键点。

1. 什么企业才能入驻

（1）有合法的营业执照

天猫超市要求入驻商家必须有合法的营业执照，这是保证商家合法经营的基本条件。商家需要提供营业执照的扫描件或照片，以便天猫超市进行审核。

（2）有稳定的供货渠道

商家入驻天猫超市，需要有稳定的供货渠道，确保商品的质量和供应量。商家需要提供供货渠道的相关证明材料，以便天猫超市进行审核。

（3）商品质量符合要求

天猫超市对入驻商家的商品质量要求非常高，商家需要提供商品的相关证明材料，以便天猫超市进行审核。商家的商品需要符合国家相关标准，且不能存在质量问题。

（4）有良好的信誉和口碑

商家的信誉和口碑是入驻天猫超市的重要条件之一。商家需要提供相关的信誉和口碑证明材料，以便天猫超市进行审核。商家的信誉和口碑越好，越容易通过审核。

（5）具备一定的经营能力和管理能力

商家入驻天猫超市，需要具备一定的经营能力和管理能力。商家需要提供相关的经营和管理证明材料，以便天猫超市进行审核。商家的经营和管理能力越强，越容易通过审核。

2. 天猫超市供应商现有的两种合作方式

（1）经销

天猫超市用一定的价格（采购价）向供应商采购商品，货品入仓后货权归属天猫超市，天猫超市自主定价售卖。

（2）寄售

在消费者确认签收的时点，天猫超市用一定的价格（采购价）向供应商采购商品，货权由供应商转移到天猫超市。

3. 天猫超市供应商入驻流程的特点

天猫超市供应商入驻流程复杂，商家自主提交通过率低，需要对接采购小二评审。相比天猫旗舰店入驻，天猫超市入驻流程耗时较长。

4. 入仓方案

天猫超市采用商品统一入仓、统一专业打包，提供"1小时达""半日达""次日达"等灵活配送服务。

目前天猫超市提供的标配入仓方案包括：

全国RDC（前置仓）直入：商家送货至25个RDC，适用于物流能力强的商家；5仓调拨/越库全国：商家送货至五大CDC（集货仓），由CDC调拨/越库至各个区域内RDC，适用于有能力直送五大CDC的商家；1仓调拨/越库全国：商家送货至1个CDC，由该CDC调拨/越库至25个RDC，适用于物流能力较弱的商家。

5. 天猫超市招商类目

服饰、服饰配件、鞋类箱包、运动户外、珠宝配饰、化妆品（含美容工具）、家装家具家纺、汽车及配件、居家日用、母婴、食品、保健品及医药、3C数码、家用电器等。

6. 天猫超市费用结算方式

（1）先销售，后结算

商超系统（MCAS）会每天自动计算商超各商家的应结算金额，应结算金额是商品的销售金额扣除商超佣金后的金额；每月固定3个结账周期，10 天为一个结账周期；商家审核账单无误后，开票给商超；在收到发票并经商超审核无误后，淘宝的汇金平台会将商家的应结货款转给商家的支付宝账户，整个过程一般控制在收到商家发票后的 5 个工作日内完成。

（2）按类目固定佣金比例收取成交佣金

商家进驻商超前会与商超确认所涉及类目的佣金比例；商超根据类目的佣金比例和成交记录扣除佣金（无成交则不扣除佣金）；在每月的结算中，商超给商家结算的金额是扣除商超佣金之后的金额。

7. 天猫超市的运营

天猫超市运营的日常是报活动、写计划、回小二、找资源、搞推广、盯竞品、盘库存、想活动、追仓配、做报表。基本天猫运营干的，天猫超市运营也都干。

天猫超市有优势，也有劣势。优势是天猫超市站内有一份独有的流量来源，只要你的品不是太差，价格中规中矩，通常都会有些销量。而在天猫、淘宝，真的可以给你挂 0，一直挂 0。天猫超市渠道的优势是天然具备淘系的大流量，非常适合大刚需产品、大供应链商家、大品牌商家去布局。

劣势是天猫超市许多数据都被平台锁住，商家无法查看，无法了解。另外，天猫超市封闭式运营，许多商家也不大愿意对其进行站外引流。

供应链是做猫超最大的痛点。这也是一般小品牌承受不起的原因，全国几十个仓，仅铺货、压货，就是一大笔成本。而猫超送货入库，也是一件最让运营感到头痛的事，不是多了，卖不掉，就是少了，不够卖，送货过程中，各种差异难免存在。

平台不容许一个低动销的品常在，一旦这个品超过 3 个月销量偏低（通常为低于同品类 20%），就会被清退。入库后，超过 28 天没卖完的，也会被清退。小二会不断让商家做推广、做投放、做让利。

因此我们要思考：企业的类型适不适合去做猫超？猫超在我们类目的折扣点大概是多少？类目中有哪些品牌做了猫超？猫超的整体动销如何？只有做过这些深度的思考，你才知道这个渠道到底适不适合去布局。

作业：谈谈你对天猫超市这个渠道的思考。

三、1688 批发渠道

> 1688 并不是做电商的平台，其实是为电商企业服务的，本质上是电商企业的服务商。
>
> ——大圣老师

提到 1688，大家一定不陌生，阿里巴巴电商的起家渠道就是 1688，一开始是做批发的，后面衍生出了淘宝，可以说是电商界最早的渠道了。

1688 早期的逻辑是让工厂没有难做的生意，让更多的人去工厂拿货。现在的 1688 其实已经变了，越来越多的消费者开始在 1688 上直接购买产品，因为他们知道淘宝上的很多商品都是来自 1688，所以用户会在 1688 上搜索商品直接购买。1688 现在已经支持一件起拿，也就是说，现在的 1688 既可以 to B，又可以 to C。

2023 年 4 月 25 日，1688 成为苹果应用商店免费榜排名第一的 APP。1688 APP 的买家主动打开率、非大促日的单日平台交易额和单日平台订单量均创下公司成立 24 年来的历史新高。1688 的买家里，绝大部分是数字化程度比较高的一、二线城市的年轻创业者，如主播、达人等群体，他们主要通过 1688 来做小批发、轻定制和找工厂。

很多做 1688 渠道的学员告诉我们，1688 里 to C 的客户占比为 30%~40%，由此可见，1688 渠道覆盖的人群还是十分广泛的。

除创业者、拿货的贸易商外，由于抖音、小红书、私域、社群电商等平台的崛起，越来越多的人开始在1688进货，因此，1688现在成了很多社区团购团长、跨境买手的主要聚集地。

1. 1688 的渠道优势

（1）精细化运营少

对手特别弱，厉害的运营少之又少。现阶段对1688的运营要求不够高，基本上不需要太多的技术含量。

（2）不是老板挂帅，竞争不激烈

1688也不是老板的一把手工程，这里的老板不会像淘宝一样，每天看后台数据。在淘宝投广告，马上就能看到效果，比如有没有流量，是否有转化，立竿见影；而在1688投广告，不一定会马上看到效果，客户甚至可能要去原产地的工厂考察，才会下单，由此得知，1688的运营竞争没有淘宝激烈。

（3）稍微出色，便能获得平台扶持

在1688上，只要产品、店铺规模、广告投放等任何一个方面做得出色一点，就会获得平台的流量扶持。

所以我们说，这个渠道好，好在对手少、对手弱，我们的机会非常大。只要布局1688，大概率就会做得很好。

2. 1688 的渠道劣势

（1）体量有限，不够大

虽然近年来1688的to C用户开始变多，但平台毕竟是to B的运营

方式，因此，其体量有限。

（2）付费效果慢，投入产出不确定

在 1688 投钱，不能解决流量变大的问题，在平台付费效果慢，经常看不到投放效果，归根结底考核的还是产品性价比。

（3）主要客户流失对业绩影响大

客户只要稍微做大一点规模，起订量提高后，就会在 1688 比价，寻找价格更低的货品。客户没有忠诚度，成为 1688 最重要的一个劣势。

对于 1688 来说，我们要先理解它的本质。1688 其实并不是做电商的平台，它本质上是电商企业的服务商。因此，如何为更多的电商企业提供有竞争力的服务，就是做好这个渠道的核心逻辑。要想做好 1688 这个渠道，商家必须具备下图所示的三种优势。

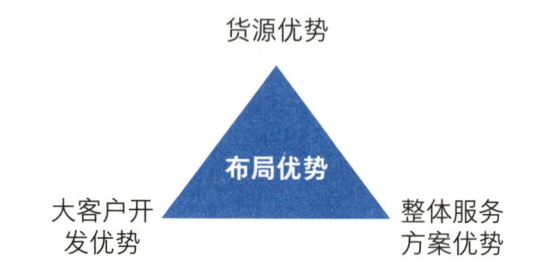

货源优势

布局优势

大客户开发优势　　整体服务方案优势

3. 1688 的货源优势

- 市场流行爆品预测力；
- 市场爆品货源性价比；
- 市场爆品货源品质性；
- 市场爆品货源持续性；
- 市场的货源合作门槛。

1688 是一个供货的平台，商家要有可以竞争过对手的优势。在中国

市场，其实最不缺的就是货源，你将产品给到客户，客户能否卖得好，除我们提供流行的爆品货源外，还要将爆品是不是有价格力、具不具备性价比、货源是不是持续性的等关键因素传递给客户。

4. 1688的大客户开发优势

- 客户分级；
- 客户维护；
- 客户跟销；
- 销售团队管理；
- 定制化服务体系。

商家在大客户开发方面要有优势，如果店铺只接小单，是很难在1688上持续盈利的，只有接大单才可以实现持续经营。在进行大客户开发时，要对客户进行分级，同时要用不同的话术去维护不同客户。在供货之后，帮助客户做动销，告诉他们如何塑造产品，这些产品能不能创造利润和价值，通过这样的方式与客户建立好关系，了解痛点，并提供针对性服务，才会稳定住大客户，让其成为我们的忠实客户。

5. 1688的整体服务方案优势

- 产品开发优势；
- 产品组货优势；
- 库存分担优势；
- 产品代发、视觉等优势；
- 公司战略合作优势。

你不仅要给客户提供优质货源，还要提供整套的解决方案。客户需要什么样的产品，你要思考能不能帮助其开发，能不能帮助其组货，能不能帮助其承担一定量的库存等，要让客户前端的利润与你产生直接的关系，这样在各个方面帮客户做规划，还可以衍生出更多的合作。

总而言之，1688的渠道经营不仅要求你有过硬的产品，同时在客户维护和发展的过程中要做多方向的布局。当这些方面都思考清楚后，你才可以向多品类发展，这样赚到钱的概率会大大提升。

作业：请思考你对1688这个渠道的运营思路。

四、天猫国际渠道

> 如果说天猫超市是竞争较少的渠道，1688是竞争较弱的渠道，那么，天猫国际就是竞争又少、又弱，且利润较高的一个渠道。
>
> ——大圣老师

天猫国际成立于2014年，主要为国内消费者直供海外原装进口好物，也让更多海外企业入华拓销。

在淘系，你很难找到店铺指定的服务小二，但在天猫国际，几乎每一个商家都能接触到自己专属的服务小二。在有专人维护的加持下，天猫国际不仅竞争对手少，利润还很高，是一个很好的渠道。

很多人觉得天猫国际应该只有国际品牌才能做，正常来说是这样规定的，但是中国有不少公司为了布局这个渠道，都在国外注册了公司，把自己包装成国际品牌之后，再来经营这个渠道。实际上，天猫国际有30%~40%的商家并不是纯粹的国际品牌，都是通过这样镀金的模式入驻天猫国际。

在天猫国际经营的商家有国际范儿，时尚、高端、信任背书强，虽然体量没有想象中的那么大，但利润率非常高。

目前，天猫国际想招募的类目有食品、时尚、美妆、母婴、数码、宠物、家居等，针对这些类目的商家，它推出了一系列的商家激励计划。

1. 天猫国际的开店要求

- 拥有海外公司实体。
- 是品牌方/拥有品牌授权/提供完整链路的品牌方商品进货凭证（具体详见店铺类型资质要求）。
- 优先录取条件。海外知名实体卖场或者B2C网站；未进入中国市场的海外知名品牌。

2. 天猫国际的合作模式

（1）平台开店

自己在平台开店经营是目前大多数商家选择的一种方式，不仅可以沉淀客户，提升知名度，还可以根据客户反馈做产品的调整等。

业务链路

物流模式：保税/直邮，根据不同店铺类型，商家可选择保税或直邮方式

买家选择 → 海外干线运输 → 海外备货仓 → 国内保税仓 → 天猫国际平台店铺 → 销售 → 物流 → 电子通关 → 订单 → 支付 → 国内配送 → 消费者

运营模式：商家自运营或第三方服务商进行运营及管理

平台开店的业务链路是：买家在网上购买你的产品，产品通过海外仓进入国内保税仓，再通过入驻的天猫店铺进行销售。

（2）官方直营

官方直营是指店铺交由平台运营。官方自营团队负责商品上架、销售、营销及运营，一般情况下，一些知名的大品牌会选择这种运营方式。

业务链路

物流方式 保税/大贸，供应商负责向菜鸟保税仓运送商品

货品运输　保税仓　买家选择　官方自营店铺　销售　国内配送　客户

运营模式 国际官方自营团队负责管理商品上架、销售、营销及运营

（3）直营品牌站

直营品牌站是把直营品牌店托管给平台经营。这种方式是中小品牌创业的首选，由国际官方的团队帮你代运营，其实与官方直营的链条相似，是不需要商家自己经营的一种模式。

（4）海外直购

海外直购是指官方的直购，平台提供客户信息，商家提供订单，直购邮寄。这种方式适合库存和种类多样化的非标品。

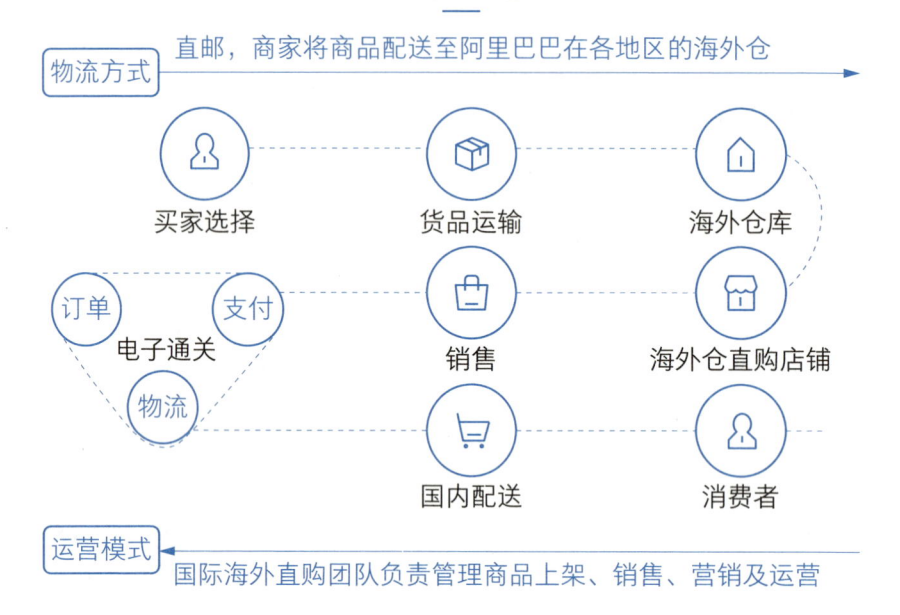

业务链路

物流方式：直邮，商家将商品配送至阿里巴巴在各地区的海外仓

- 买家选择
- 货品运输
- 海外仓库
- 订单
- 支付
- 物流
- 电子通关
- 销售
- 海外仓直购店铺
- 国内配送
- 消费者

运营模式：国际海外直购团队负责管理商品上架、销售、营销及运营

3. 天猫国际的发展路线

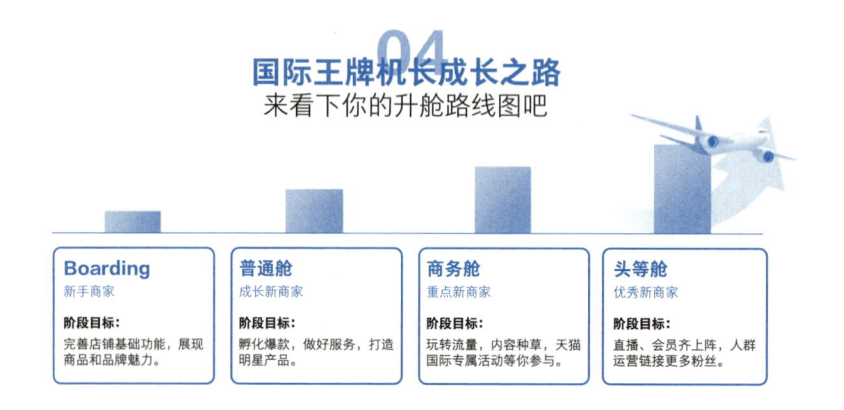

04 国际王牌机长成长之路
来看下你的升舱路线图吧

Boarding
新手商家
阶段目标：
完善店铺基础功能，展现商品和品牌魅力。

普通舱
成长新商家
阶段目标：
孵化爆款，做好服务，打造明星产品。

商务舱
重点新商家
阶段目标：
玩转流量，内容种草，天猫国际专属活动等你参与。

头等舱
优秀新商家
阶段目标：
直播、会员齐上阵，人群运营链接更多粉丝。

平台将商家分成四类：新手商家、成长新商家、重点新商家、优秀新商家，不同的商家入驻的仓型不同，平台会根据商家所处的不同阶段，给予资源的支持和流量的加持。

4. 天猫国际直营和自营的区别

（1）天猫国际直营

直营店铺由阿里巴巴集团直接经营和管理，这意味着产品的品质、价格和售后服务都得到了官方的保证。直营店铺通常会有更多的优惠政策和活动，购买直营商品时可以享受更多的优惠。同时，直营店铺的商品来源透明，可以确保商品的正品率和品质。

（2）天猫国际自营

自营店铺由第三方商家经营，这些商家需要通过严格的审核和资质认证，才能在天猫国际上开设自营店铺。虽然自营店铺的商品来源和售后服务可能会有所不同，但天猫国际对这些商家有一定的监管和管理，以确保消费者的权益。自营店铺的商品种类和品牌更加丰富一些。

天猫国际的商品通常是比较贵的，丰富度不够；在品类上，很少有商家会去钻研产品的创新，有的产品甚至可以卖上十几年；在视觉的布局上，与其他电商无法比拟，正是由于这样的平台现状，其赛道相对蓝海，操作起来也比较容易，可以成为我们进军的渠道。

作业：请找一些天猫国际运营较好的商家进行分析。

五、跨境电商渠道

> 中国电商未来必将走向全球化，跨境电商目前是相对蓝海的电商平台。
>
> ——大圣老师

跨境电商渠道是近几年比较热门的渠道，但随着跨境电商标准化程度的提高，该渠道有了门槛，迎来了新的难度，尽管如此，这个时候布局的商家还是有很多机会的。

海关数据显示，2023年上半年，我国跨境电商进出口规模约为1.1万亿元，同比增长16%。其中，出口规模为8210亿元，增长19.9%，进口规模为2760亿元，增长5.7%，保持向好发展势头，有效助力我国外贸稳规模、优结构。

跨境电商发展速度快、市场潜力大、带动作用强，已成为外贸高质量发展的新引擎。加上"一带一路"对于跨境电商的大力扶持，我们更加明确，跨境电商的局势虽然很难，但依旧是相对蓝海的一个电商平台。

如果说2010—2020年是中国品牌出海的黄金十年，那么2020年之后的十年将是未来中国优质产品出海的白银十年。据中国商务部统计，我国跨境电商主体已超10万家，且拥有全球最强大的供应链，基本上所有品类都能覆盖。

跨境电商线上渠道主要分为两大类：一是第三方海外销售平台，如阿里巴巴、京东、亚马逊；二是自建独立站。要想打造营销的闭环，独立站是个好选择。

很多出海新手都会有疑惑：我通过亚马逊、速卖通这样的现成电商平台出海不就行了吗？为什么还要花费这么多精力去建一个品牌独立站，还要辛辛苦苦地自己去引流、发货、售后等？原因如下。

1. 商家自建独立站经营的原因

（1）国情及消费喜好方式不同

国内的电商国情和国外的电商国情有所不同，在国内，大部分人去淘宝、京东等电商平台直接购物，很少人会直接去目标品牌的官网购买产品，国内电商巨头已经将用户教育得忘记了有品牌官网这回事。但是海外的情况就完全相反了，很多消费者都喜欢去自己喜爱的官网购物，也很信任。

（2）沉淀用户数据

我们常说做品牌，很重要的一点就是积累对你产品感兴趣的用户数据和体系，特别是 B2C 模式，复购是零售的生命，如果没有复购，意味着你的引流成本会一直居高不下。现在海外大部分的第三方销售平台，卖家基本上不太可能获得买家的数据。

平台方和卖家分得非常清楚，平台只提供服务，如支付、物流、市场等，所有引流到平台的买家都是平台的用户，卖家是没办法直接将用户引流到平台的。从某种程度上说，所有依靠第三方平台的卖家都是平台生态体系的一环，有一种一直为平台打工的意思。

独立站体系的搭建虽然涉及很多版块，但一旦能搭建起来，你就能直接接触用户，合理合规地将用户圈在自己的框架内，这是一件非常有价值的事情。

（3）建立完整的营销闭环

正如前面提及的，平台不提供任何买家数据给卖家，那么卖家即使出货量再大，对自己的消费者画像也是模糊的。卖家没办法为后续精准营销提供数据支撑，而通过独立站，你可以获取非常多的客户访问和消费数据。

（4）独立站成为大商家优选策略

亚马逊的铺货卖家在"封号潮"的影响下，开始积极探索其他出路，独立站则成了他们的重要战场，他们的玩法是从亚马逊店群转变为独立站站群。

原生的独立站站群卖家的长板是玩流量，短板是供应链。在合规的大趋势下，原生站群卖家不断向供应链发力，补足短板。亚马逊的铺货卖家转独立站站群，长板是供应链，短板是玩流量，所以他们开始招募不少市场上玩站群的人才，补足流量的短板。有些铺货卖家甚至与一些独立站站群卖家合并，双方优势互补，一起做大蛋糕。

随着跨境电商从纯"卖货"的业态，逐步发展到品牌出海这种以"品牌"为主导的业态，以及海外电商平台与海外消费者都更加喜爱中国的品牌型卖家，未来独立站将会成为每一个卖家的"标配"。

2. 全球跨境电商平台排名 TOP 30

目前，国际上排名第一的跨境电商平台是亚马逊，相当于国内的淘宝。除了亚马逊，还有 eBay、速卖通等各种跨境电商平台。

（1）亚马逊

全球 TOP1 跨境电商平台，目前向中国卖家开放的有美国、加拿大、墨西哥、英国、法国、德国、意大利、西班牙、荷兰、瑞典、日本、新加坡、澳大利亚、印度、阿联酋、沙特和波兰等17大站点。

（2）eBay

一个可让全球民众在网上买卖物品的线上拍卖及购物网站，站点涉及多个国家，包括美国、英国、澳大利亚、巴西、加拿大、德国、法国、意大利、马来西亚、墨西哥、波兰、新加坡、西班牙、土耳其等。

（3）美客多

拉美最大的电商平台，业务覆盖18个国家，其中墨西哥、巴西、智利和哥伦比亚等站点表现较佳。申请一个美客多账户即可运营多个国家，英文后台，产品介绍及客服问题平台自动转换成当地语言，消除了语言壁垒。

（4）日本乐天

日本第一大电商平台，日本将近1/3的网购消费者通过乐天购物。该平台用户群体广，用户覆盖日本各年龄层和收入阶层。目前中国卖家少，竞争较小，属于蓝海市场。该平台营商环境也较好，无跟卖、刷单等现象。

（5）速卖通

速卖通是阿里巴巴旗下面向国际市场的跨境电商平台，成立于2010年，用户已遍及全球220多个国家和地区，是中国最大的跨境B2C平台之一，同时是在俄罗斯、西班牙排名第一的电商网站。

（6）Shopee

2015年成立于新加坡，2017年腾讯注资，占股40%，成为Shopee母公司SEA最大股东，它主要面向东南亚市场，其中包括了中国台湾、马来西亚、菲律宾、印度尼西亚、泰国、越南、新加坡、巴西、墨西哥、哥伦比亚和智利。

（7）沃尔玛

沃尔玛是全球最大的零售商，每月有超过1亿次独立访问。沃尔玛已成为一个值得信赖的品牌，客户黏性大。与亚马逊不同，沃尔玛目前不收取月费，同时为卖家提供线上线下多效运输的物流模式。

（8）Etsy

Etsy是一个以手工艺成品买卖为主要特色的跨境电商平台，成立于2005年，总部位于美国纽约。从手工制作品到复古艺术品都可以交易。和亚马逊这些大的综合商品交易平台相比，在Etsy的客单价要高得多。

（9）Trendyol

Trendyol成立于2010年，是土耳其最著名的在线时装零售商，也是土耳其领先的时尚电商平台。专注时尚品牌，在其官网和移动端可以买到Gucci、Prada、Zara等时装品牌以及Trendyol的自有服装品牌。

（10）allegro

allegro是波兰本土排名TOP1的电商平台，成立于1999年，总部设立在波兹南。allegro的访问量在整个欧洲排名第五，是世界十大电商之一。

（11）Target

Target百货公司成立于1962年，总部位于美国明尼苏达州，是美国仅次于沃尔玛的第二大百货零售集团，目前发展迅猛，线上线下平台结合。目前是邀请制的形式。

（12）Wayfair

Wayfair是美国第一大在线家具销售平台，经营范围包含家具、装饰、家居用品等。对于供应商而言，这是一个可直达消费者的平台。目前该平台的中国卖家较少，且免佣金、租金和保证金。

（13）京东国际

京东国际是京东集团旗下进口商品一站式消费平台，主营跨境进口商品业务。覆盖时尚、母婴、营养保健、美妆、3C、进口食品、汽车用品等产品品类。

（14）Flipkart

Flipkart是印度最大的电商零售平台，总部位于印度班加罗尔，起初平台专注于图书销售，后来慢慢拓展到时尚、电子、服饰等品类，该网站访问量在印度国内排名第9，全球排名第173。

（15）Wildberries

Wildberries是俄罗斯本土的鞋服及饰品在线销售平台，销售品类涵盖鞋类、服装、品牌配件、珠宝以及食品等，该平台还提供全国免运费快递服务。该平台已连续5年成为俄罗斯和欧洲最受欢迎的电商平台。

（16）Tokopedia

Tokopedia是印度尼西亚最大的电商平台，也是访问量最大的印度尼西亚网站。该平台允许个人和企业开设自己的网店。自动上货助手使有条件的卖家可以实现多个店铺同时上货，还支持同平台一键采集。

（17）Lazada

Lazada是阿里巴巴旗下专注于东南亚市场的跨境电商平台，也是目前东南亚地区最大的在线购物网站之一。业务主要在马来西亚、新加坡、泰国、印度尼西亚、菲律宾、越南等国家。该平台不会随意接受买家退货。

（18）Zalando

Zalando 是一家总部设在德国柏林的公司，旗下网站 Zalando 作为德国乃至整个欧洲最大的在线零售商，主营男女儿童服装、鞋子、配件、美容产品、运动用品，乃至时尚家居，一切与时尚装扮有关的事物。

（19）Americanas

Americanas 是巴西本土最大的电商企业 B2W 旗下平台。目前中国卖家不足 600 个。主要销售电子产品、家用电器、家具、美妆产品和玩具等。

（20）Mercari

Mercari 是一个日本 C2C 二手交易平台，类似于国内的闲鱼。目前，Mercari 面对的主要是两个市场，分别是日本本土市场和美国市场。目前国内很多人不知道这个市场，所以是个很好的机会。

（21）Hepsiburada

Hepsiburada 是土耳其第一大电商平台，成立于 2000 年，2015 年推出电商购物平台，2021 年于纳斯达克上市。拥有自己的物流配送和支付体系，是跨境人抢占欧亚市场的重要入口。2021 年 4 月开始才向中国卖家开放。

（22）Wish

Wish 于 2011 年成立，总部位于美国硅谷，是北美和欧洲最大的移动电商平台。这个平台的卖家有 90% 来自中国。平台根据用户喜好，通过精确的算法推荐技术，将商品信息推送给感兴趣的用户。

（23）OZON

OZON 是俄罗斯电商市场最大的综合类电商平台，2020 年在美国上市。它是俄罗斯居民最喜欢的网购平台，未来几年 OZON 将保持高速发展。

（24）Casas Bahia

Casas Bahia 是一家巴西电商平台，平台以销售家具和家用电器为主，另外提供消费类电子产品和电脑等产品。该公司还拥有庞大的实体业务，在巴西各地经营着 750 家实体店。

（25）bol.com

bol.com 是比荷卢地区（比利时、荷兰、卢森堡）最大的电商平台。覆盖书籍、玩具、电子产品、珠宝、游戏、运动等 20 多个品类，目前中国卖家可以入驻，但门槛较高，通过率极低。

（26）ASOS

ASOS 是一个创立于 2000 年的全球性的时尚服饰及美妆产品线上零售商自营品牌，并携手全球第三方品牌，为年轻人提供很多时尚商品，产品线涵盖了女装、男装、鞋履、配饰、首饰及美妆产品。

（27）Coupang

Coupang 是韩国电商平台，成立于 2010 年，前身是做果蔬配送的。2015 年得到软银注资，2020 年成为韩国第一大电商平台。2021 年 3 月在纽约证券交易所 IPO（上市），4 月开始面向全球招商。

（28）OTTO

OTTO 是德国领先的电子商务解决方案及服务的提供商，在全球综合 B2C 排名中，排在第二位，同时是欧洲最大在线服装、服饰和生活用品零售渠道商。三大热销类目为服饰、家具、电子产品。

（29）Vinted

Vinted 成立于 2008 年，是位于立陶宛的二手衣物交易平台。主要活跃于法国和德国市场，同时在美国、英国、奥地利、波兰、捷克开展业务。和国内闲鱼类似,用户可售卖旧物,也可买到廉价的产品。

(30) Marktplaats

Marktplaats 成立于 1999 年,是荷兰最大的二手购物网站。2004 年被 eBay 收购。该平台每天交易转账有 15 万笔,每年交易金额达 100 亿欧元。自成立以来,该公司已发展成为荷兰该领域最受欢迎的网站。

3. 亚马逊渠道概况

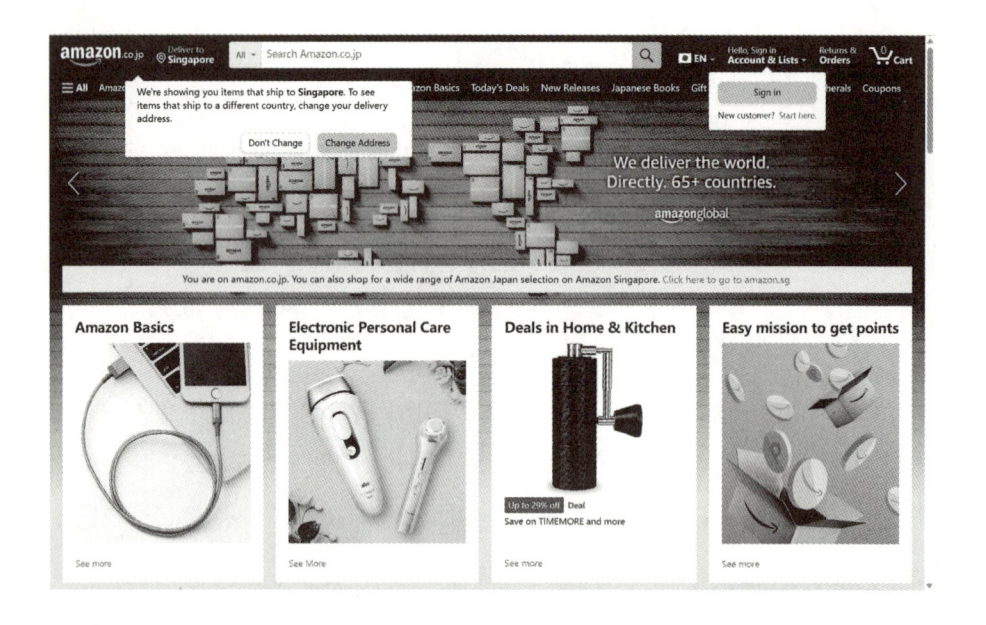

如果你想在海外打响品牌知名度,亚马逊是最佳的平台,其现在已经覆盖了 19 个国家,FBA(物流服务)的配送和服务口碑很好,深受海外用户的欢迎。

亚马逊经历封号潮、涨价、无故扣款等风波后,越来越多卖家抱怨亚马逊难做,而想要做亚马逊的卖家却不曾减少。为什么?原因很简单,消费者偏好。

数据表明,在购物时,有 2/3 的消费者首先在亚马逊搜索产品并了解产品信息，而不只是在谷歌上搜索。有 78% 的美国品牌目前在亚马逊销售，平均而言，品牌卖家会将整体广告预算的 28% 分配给亚马逊、22% 分配给谷歌、23% 分配给付费社交。

（1）为什么消费者喜欢亚马逊？消费者最看重的是价格和产品评论，亚马逊拥有简洁的用户界面、有竞争力的价格选择、精准卓越的产品搜索查询，以及对产品及店铺的打分和评论等，这些功能使亚马逊成为电商领域的头部领导者。

（2）亚马逊入驻费用：月租 39.99 美元，佣金 8%～15%。

（3）回款周期：14 天回款。

（4）物流：自发货、海外仓、FBA。

（5）开店福利政策：

①最快 7 天即可下店；

②对接区域招商经理；

③专属顾问指导 / 审核资质材料；

④远程协助代理注册店铺；

⑤欧美日澳 13 连站并享受同等月租。

2022 年亚马逊卖家两极分化明显，这与平台的政策变化以及消费环境变化有关。从亚马逊平台的角度来看，自从封号潮开始后，一些大卖家账号被关停，让出了不少市场份额，这些份额被那些排名靠前、有供应链优势和沉淀大量评论的卖家瓜分了。所以，部分卖家的营收增长不错，2022 年增长率翻倍的卖家占比达到 11%。

从海外的消费环境来看，一些 2021 年的火爆品类到了 2022 年变冷，2022 年又出现一些新的热门品类。在全球通胀的经济环境下，宏观经济的不确定因素增加，导致消费市场急速变化，从而影响一些品类的生命周期。另外，2022 年亚马逊腰部以下的中小卖家生存相当艰难，不少中小卖家已经退出市场。调研发现，那些被洗牌出局的卖家，很大一部分是在 2020 年至 2021 年被火爆的行业氛围吸引进入的初创者，最终在 2022 年成为一堆"炮灰"。

4. 速卖通渠道概况

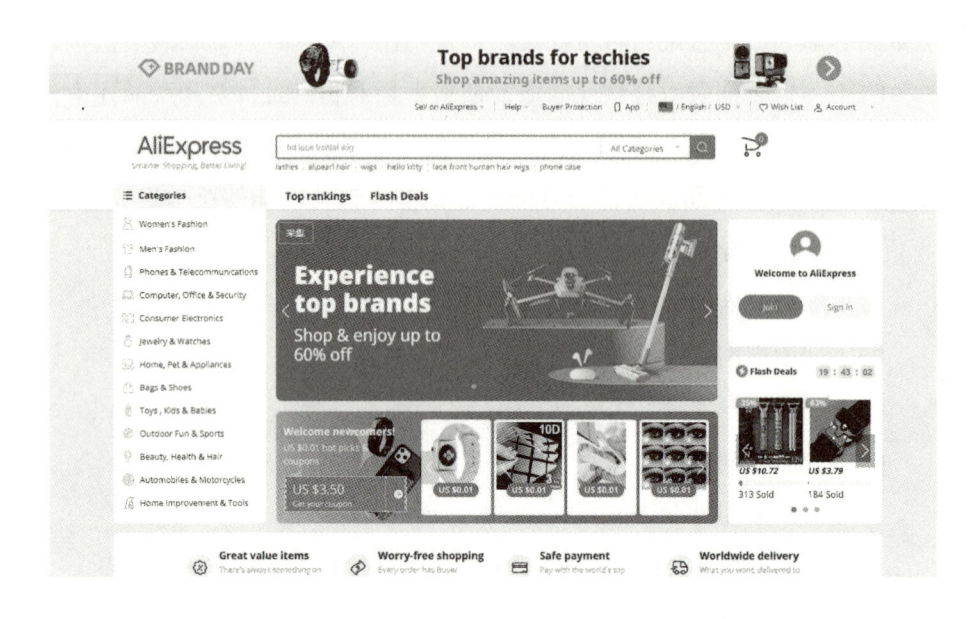

速卖通是阿里巴巴打造的跨境电商平台，被广大卖家称为"国际版淘宝"。速卖通于 2010 年正式创立，是中国最大的跨境零售电商平台，目前已经开通 18 个语种的站点，覆盖全球 230 个国家和地区。

像当年的淘宝商城向天猫转变一样，速卖通经过十多年的发展，开始非常重视品牌化。速卖通的主战场在东欧，在俄罗斯和乌克兰特别受欢迎，近年来在西班牙、波兰、巴西的发展都很迅速。相对于亚马逊来说，速卖通能覆盖更多国家，通过国际物流能发货到全球大部分国家，所以如果你致力于做一个多渠道的品牌，那么速卖通是不错的平台。

有一点要注意，客单价过高的产品在速卖通的销售难度会比亚马逊高，亚马逊用户群体的购买力整体比速卖通强，所以速卖通往往适合有强大供应链能力的卖家，比如很多工贸一体化的企业在速卖通就做得不错，因为产品具备价格优势。

（1）店铺类型：

①官方店：商家以自有品牌或由权利人独占性授权（仅商标为R标且非中文商标）入驻速卖通开设的店铺。这种类型仅可以有一家店铺、一个品牌。

②专卖店：商家以自有品牌（商标为R标或TM状态且非中文商标），或者持他人品牌授权文件在速卖通开设的店铺。这种类型可以有多个店铺，但一个店铺仅可以申请一个品牌。

③专营店：经营1个及以上他人或自有品牌（商标为R标或TM状态）商品的店铺。这种类型可以有多个店铺，一个店铺可以申请多个品牌。

（2）平台优势：

①跨越全球：覆盖全球230个国家和地区，支持世界18种语言站点，语言无烦恼；

②流量瞩目：海外成交卖家数量突破1.5亿；

③门槛低：超低佣金无年费，适合0经验卖家；

④类目齐全：22个行业囊括日常消费类目，商品备受海外消费者欢迎。

（3）热销类目：服装服饰、手机通信、鞋包、美容健康、珠宝手表、消费电子、电脑网络、家居、汽车/摩托车配件、灯具等。

（4）入驻门槛/要求：营业执照、商标、企业法人支付宝、1万~3万元不等的类目保证金。

（5）入驻费用（佣金）：3%~8%的佣金。

（6）回款周期、方式：收货之后15天（需要买家在订单点击确认签收）。

（7）物流：自发货和海外仓。

从流量上看，这两年速卖通的流量略有下滑，但是与一般的小平台相比流量还是稳定的。速卖通背靠阿里巴巴集团，立足国内工业体系，以庞大的供应链为支撑，面向全球广大中低端的消费者，有一套比较成熟的国家市场开拓计划，在用户获取上，如果能够拿出魄力，用真金白银砸出一片市场，那么速卖通还会有不错的发展机会。

具体来看，哪几类的卖家有机会呢？

第一，某垂直品类的工厂。在一个细分品类做到极度专业，甚至做出一定"护城河"的工厂或品牌商，是有很大机会的。

第二，有强大供应链作为支撑的贸易商。深耕垂直品类的贸易商了解某一垂直品类客户的真实需求，了解细分市场第一手的信息，具备不断开发新品的能力和平台运营能力，因此也存在一定机会。

第三，资金实力非常雄厚的卖家。在某一个品类凭借自身的资金优势，完全以价格战的方式杀入，对同行实行碾压的卖家也是有机会的。通过这样的方式做起来的卖家我见过不少，但这不是平台鼓励的方式，也不是我推荐的方式，行业里称这一类商家为"价格屠夫"。这一类卖家依靠价格战的方式杀入某一个品类，如果后期不具备产品迭代升级能力，那么最终也极可能铩羽而归，前期的投入就会"竹篮打水一场空"。

目前，速卖通平台的部分类目提高了卖家的入驻门槛，大 Fashion 类目必须提供一定的实力证明方可入驻。此外，速卖通对订单的 72 小时上网率考核要求也越来越高，因此，对于只想在速卖通用铺货方式来做的新卖家，可以说基本没有机会。

速卖通有些较好卖的类目，具体如下：

（1）汽摩配件

热销品有：汽车电子配件、智能后视镜、行车记录仪、车载 MP3、应急电源、GPS、摩托车配件、摩托车头盔、摩托车骑行服等。

这个类目的优点是可上产品丰富，利润高，竞争小；缺点是发布产品比较慢，需要花费较多时间。

（2）母婴玩具

热销品有：游戏围栏、摇椅、婴儿居家安全、母婴 DIY、围栏、亲子装、玩具、积木、绘画、孕妇居家服、孕妇拖鞋等。

这个类目的优点是出单快，利润高，竞争小；缺点是较多侵权，需要规避。

（3）美妆个护

热销品有：美甲套装、美甲机、指甲胶、黑头仪、化妆刷、假睫毛、粉扑、彩妆蛋、彩妆、面膜等。

这个类目的优点是资质要求高，所以竞争非常小，可以作为一个长线类目；缺点是大部分产品物流需要走专门的敏感品渠道。

（4）3C 数码

热销品有：手机壳、手机膜、充电线、数据线、无线充、智能手表手环、运动相机、数码相机、安防监控、电脑配件等。

这个类目的优点是客单价高，利润高；缺点是产业基本集中在深圳，深圳以外地区的仓库发货时效性较慢。

（5）服装配饰

热销品有：太阳镜、手表、饰品、连衣裙、T 恤、半身裙、衬衣、皮带、帽子、领带、鞋、睡衣等。

这个类目的优点是上手快，发布产品比较简单；缺点是侵权多，客单价较低。

（6）家居用品

热销品有：厨房用品、刀具、打火机、家庭香薰、家纺用品、地毯、床上套件、窗帘、小夜灯等。

这个类目的优点是类目多，可以上架的品类多，出单快，销量起来也快；缺点是大件多，需把控好物流成本。

5. Shopee 渠道概况

Shopee 是亚洲领先的跨境电商平台，针对每个特定市场进行"本土化"，每个不同的地区有不同的营销策略。

（1）热销类目：家居、3C 电子。

（2）入驻门槛/要求：公司营业执照或个体户营业执照，以及其他电商平台经验。

（3）入驻费用（佣金、平台费用）：6%的佣金，2%的交易手续费。

（4）开店福利政策：绿色通道极速下店，免流水。

（5）回款周期、方式：一个月两次打款，支持LianLian支付、Payoneer等主流收款方式。

（6）物流：国内中转仓、海外仓。

6. TESCO 渠道概况

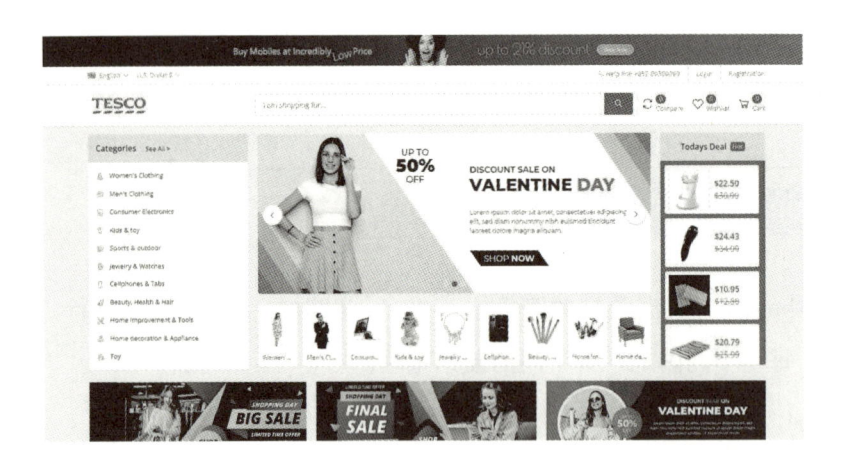

TESCO 作为欧美市场领先的购物类 APP，凭借着欧美地区独有的地势和文化优势，迅速成为跨境电商行业的一颗新星。

（1）适用地区：英国、马来西亚、泰国、越南、日本等。

（2）热销类目：男女装、鞋包配饰、护肤彩妆、电子数码、家具用品等。

（3）平台优势：

① 0 成本、0 佣金、0 押金；

② 流量充足，出单快；

③ 中文商家后台，无语言障碍；

④ 专人对接，综合赋能；

⑤ 发货简单不用愁，高效物流网络；

⑥ 高客单价（200+ 美元），高转化，高客单件数；

⑦ 安全快捷收款：T+1 周期打款，到账无风险；

⑧ 新商家享受 90 天高流量扶持及运费补贴。

（4）回款周期：工作日 T+1 回款，买家确认收款即可申请打款。

（5）物流：自发货、海外仓。

7. Lazada 渠道概况

Lazada 是东南亚地区最大的在线购物网站之一。

（1）适用地区：马来西亚、印度尼西亚、菲律宾、泰国等。

（2）平台特点：用户群体有超强的社交媒体互动，专注于移动电商，市场前景大；不随意罚款，不会随意接受买家退货；付款及时，物流系统完善。

（3）热销品类：3C 电子、鞋服配饰、家居、美容美发、汽摩零配件、母婴玩具、户外运动用品等。

（4）平台费用：税——马来西亚 6%、新加坡 7%、泰国 7%、印度尼西亚 10%、菲律宾 12%、越南 10%；佣金——1%~4%，无年费。

（5）平台收款：每周五结算，收款账户为 Payoneer、万里汇等。

（6）物流方案：Lazada 官方物流 LGS 全球配送，自发货。

（7）通过雨果入驻，可享以下专属服务：7 个工作日极速开店，官方快速审核；15 天专业顾问咨询服务。

8. OZON 渠道概况

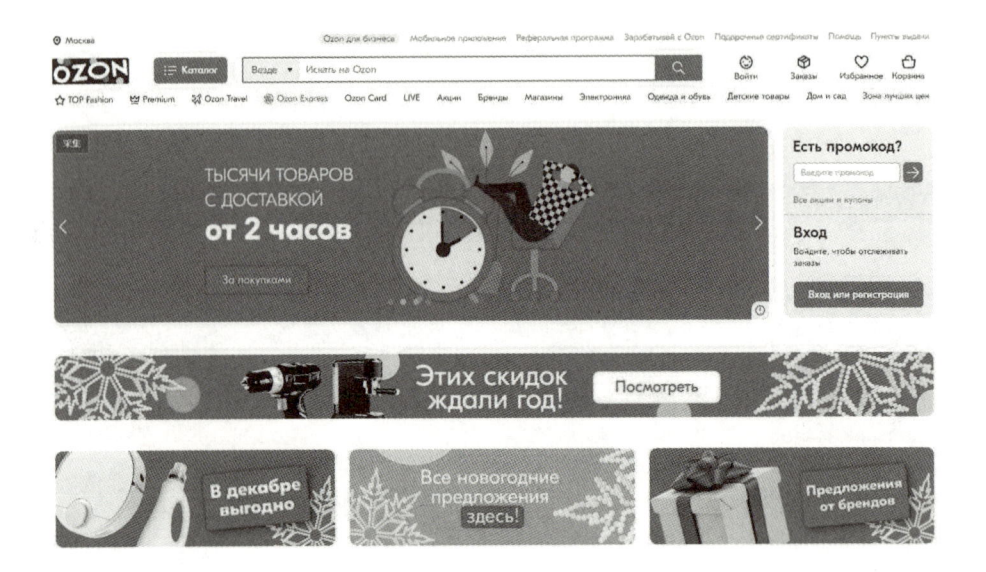

OZON是俄罗斯最早的网购零售平台之一，产品类目覆盖大部分快消品类。OZON的销售额从2019年开始飞速增长，2019年OZON的销售额增长93%，达到807亿卢布。

（1）平台优势：

①门槛低、对新卖家友好；全平台无法投放广告，无须烧钱打广告，避免卖家之间恶意竞争；

②除佣金外，无其他入驻费用；

③不强制要求卖家有俄语基础，上传产品只要输入英语，后台就可以自动帮助卖家翻译，现在通过雨果入驻的卖家还可以获得平台全面的中文版学习资料；

④无指定的物流商，只要卖家有对接好的物流商就可以使用，要求从中国直接发货，5天内发出、40天内送达即可；

⑤通过雨果入驻，即可获得OZON中国官方经理扶持，帮助卖家快速成长。

（2）入驻要求：

①通过雨果入驻的卖家只需提供营业执照证件和营业执照翻译件；

②卖家必须使用万里汇收款。

（3）热销类目：3C电子、户外、家具家居。

（4）入驻费用（佣金、平台费用）：无月租，佣金8%～15%。

（5）回款周期、方式：一个月回款两次，满1000美元打款。

（6）物流：中国直发，第三方海外仓。

9. allegro 渠道概况

allegro不仅是波兰电商平台霸主，在整个欧洲电商市场，allegro的访问量也排在前五位。据平台官方数据统计，每月活跃用户数量达到1800万，占波兰总人口数的将近一半。

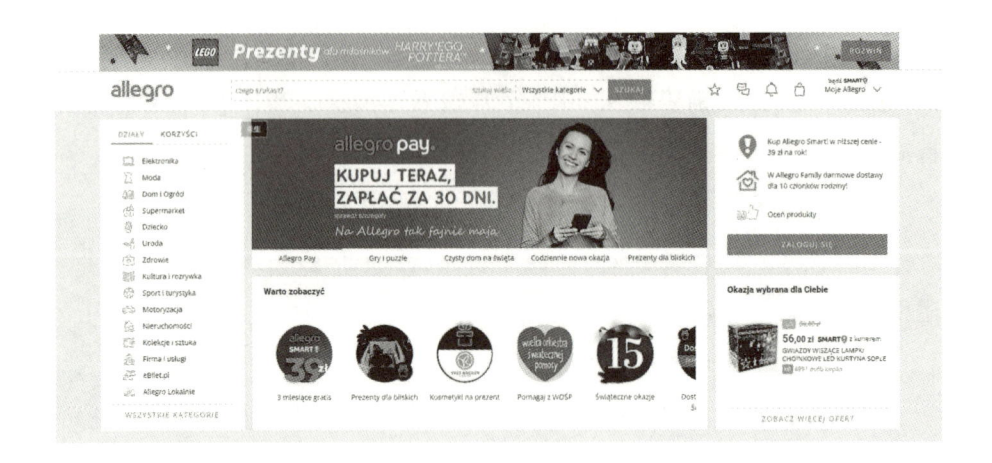

（1）平台优势：

① allegro 平台无固定费用，只有佣金和广告费；

②平台语言门槛低，波兰语本身较简单，借助翻译软件基本是准确的；而且 allegro 的卖家后台有英语/波兰语界面，可以切换；

③配有中文运营教程，帮助卖家快速上手。

（2）入驻要求：

①营业执照（个体户可以入驻）；

②法人及股东身份证明（身份证必备；护照、驾照、港澳通行证，三选一即可；股东信息需要给全，一个都不能漏）；

③ Payoneer、pingpong、LianLian 账户收款。

（3）平台费用：根据不同类目收取不同比例的佣金，此外，根据投放广告的情况收取广告费用。

（4）回款周期：因为平台不收取押金，所以店铺前三个月为考核期，45 天回款一次。考核期后，可申请一个月回款两次（每个月 1 号和 14 号），表现优秀的卖家可申请至 7 天回款一次。

10. eMAG 渠道概况

eMAG 是罗马尼亚最大的电商平台，欧洲增速最快的电商平台。

（1）适用地区：罗马尼亚、保加利亚、匈牙利。

（2）平台优势：

① eMAG 拥有自己的海外仓，并对中国卖家开放。eMAG 采用的是货到仓后激活库存的模式，末端物流会由 eMAG 自行配送，从而极大地优化平台店铺的配送时效表现。

② eMAG 拥有专业的中文客户经理，不仅免除卖家的沟通困难之忧，更为中国卖家提供免费的罗马尼亚语翻译服务，再帮忙上传。

③ eMAG 不仅有 PC 网页版，同时配备移动手机端软件。多样化的引流入口确保了平台流量的可观度和稳定性。

（3）平台费用：无固定费用，佣金 7% 起，有仓储费。

（4）回款周期：每月两次回款。

跨境平台有很多，不同国家有不同的消费习惯、消费结构，也有不同的竞争环境，如果中国商家带着中国内卷的能力去做跨境电商，会有很大的机会闯出一片天地。

作业：请研究国内做得好的跨境电商。

六、京东、拼多多渠道

> 如果说天猫是全链条电商，那么京东就是半链条电商，拼多多就是资源型电商。
>
> ——大圣老师

天猫是全链条渠道，从供应商谈判、备货、产品开发、拍照上新，再到后期的推广、运营、售后、客服，所有的工作都需要商家自己去完成，所以天猫最卷、最辛苦。要想运营好天猫渠道，就需要具备"天猫运营铁三角"——产品力、营销力、运营力，做好任意一点，就能够赚到钱。

京东属于半链条运营。商家在京东开店，要想获得很多的流量，就要入驻京东的仓储，让京东来帮你运营，一半靠官方的资源，另一半才需要自己去维护，因此，能够努力的方向非常有限。

拼多多完全没有全链条的能力，是纯粹的资源型电商，只要商家与平台小二关系好，就可以完全没有压力地做好这个平台的电商经营。

1. 京东运营的核心

```
        自营
         △
      京东
    运营铁三角
  运营        资源
```

京东和淘宝的体系不同，京东更倾向于做供应链的服务商。对于京东来讲，京东自营占比较大，而 pop 店铺相对来说占比较小。中小企业普遍做 pop 店铺，稍微有一点规模的才能进入京东自营。

做好京东的核心，就是要想办法进入自营。首先，要把店铺规模做大；其次，要具备产品、视觉、数据的运营能力；最后，维护好与店小二的关系。官方分配给你什么样的资源，你能否获得大量的流量，都取决于能不能进入京东自营，这是京东平台的核心逻辑。

对于权重，淘系平台侧重于整个店铺的权重；京东平台则侧重于店铺的层级、单体的爆发。在单品上二者也有所不同，淘系平台不仅侧重于关键词，还侧重于标签；京东则是侧重于关键词流量，以及推荐流量、首页流量。

京东是 3C 家电起家，近年来，京东打出了新百货的理念，开始大量拓展各种类目。在京东购买过产品的用户，大概率会继续选择在京东购物，因为其品质好、服务好、物流快、性价比高。对于商家来说，相比淘宝，在京东获得的利润也较高。基于平台的性质，要想在京东做大做强，商家当然是尽量进入京东自营。

2. 拼多多运营的核心

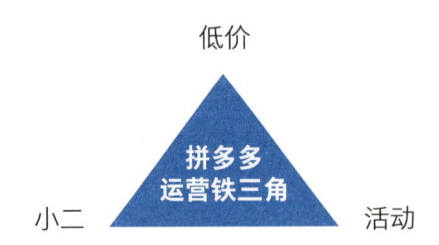

```
           低价
            △
         拼多多
        运营铁三角
  小二              活动
```

拼多多是资源型电商，拼的就是供应链。拼多多的运营铁三角，排在第一位的就是低价。拼多多拥有供应链优势的同时，还是全网最低价，支持仅退款，靠低价取胜。当然，拼多多的架构还在不断丰富和多样化，价格高同样能卖动货，价格也存在空间，但低价才是拼多多的王道。价格具有足够的性价比，才能在这个平台获得更多的流量。

仅有低价还不够，商家还需要上活动、上秒杀、参加万人团等活动。没有活动资源位、百亿补贴等大量活动的支持，商家是很难做大做强的，因此要想参加活动，就要和平台小二搞好关系。只要关系好、资源好，就能在市场中获得话语权，就能把拼多多做好，由此可知，布局拼多多渠道的技术含量并不是很高。

作业：请思考京东和拼多多平台上的 TOP 商家有什么差异。

七、社区社群团购渠道

> 如果企业具备优质的产品，但运营能力较为薄弱，就一定要布局像社区社群团购这样的电商小渠道。
>
> ——大圣老师

社区团购和社群团购都属于社交新零售的一种，都是通过社交关系链实现团品的零售业态。团购的背后是庞大的供应链体系支撑，因为只有通过丰富的团品才能实现社群"薄利多销""价廉物美"的吸引力。团品要让消费人群一看见就被吸引，因此产品的设计、颜值、功效、品牌能发挥很大的作用。

（一）社区团购渠道

社区团购是一种以社区为核心，通过拼团、预售等方式，聚集消费者购买力，从而实现大规模团购效应的电商模式。

1. 社区团购的现状

社区团购在中国起步较晚，但是发展迅速。相关数据显示，中国社区团购市场规模从 2021 年的不到 100 亿元增长到 2023 年的超过 400 亿元。

2. 社区团购的优势

- 成本低。社区团购平台可以借助社群的力量，降低营销成本，提高效率。
- 用户群体广泛。社区团购适合各个年龄层的人群，尤其是中老年人和家庭主妇，他们更倾向于在社区中寻找优质、实惠的商品。
- 预售模式。预售模式能够让供应商提前了解市场需求，减少库存压力，同时能让消费者获得更加优惠的价格。

3. 社区团购新零售的流程

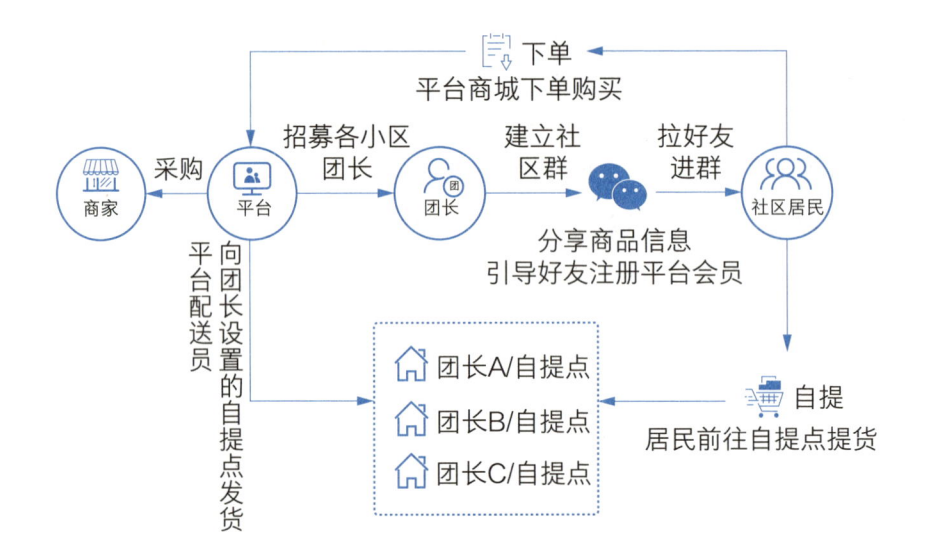

商家 —采购→ 平台 —招募各小区团长→ 团长 —建立社区群→ 拉好友进群 → 社区居民

下单：平台商城下单购买

分享商品信息，引导好友注册平台会员

平台配送员向团长设置的自提点发货：
- 团长A/自提点
- 团长B/自提点
- 团长C/自提点

自提：居民前往自提点提货

（二）社群团购渠道

社群团购渠道是一种基于社交媒体的团购模式，即通过社交媒体平台组织团购活动，将具有相同兴趣爱好的人聚集在一起，共同购买某种产品或服务。市面上的社群团购平台有很多，如有赞、蝉选、嗨团、乐买买等。

1. 社群团购的现状

社群团购随着社交媒体的普及而逐渐兴起。社群团购市场的竞争主要集中在几个大型社交媒体平台。这些平台通过推出自己的团购功能，吸引商家和消费者在其平台上开展团购活动。此外，也有一些专门的社群团购平台在这个市场上竞争。

2. 社群团购的优势

- 低成本。社群团购不需要商家建立复杂的社交媒体营销渠道，只需通过社交媒体平台组织团购活动，降低了营销成本。
- 高效率。社群团购能够快速聚集大量消费者，提高销售量和品牌知名度。
- 精准营销。社群团购能够通过社交媒体平台的精准推荐功能，将产品或服务推荐给更合适的消费者，提高营销效果。

3. 社群团购新零售的流程

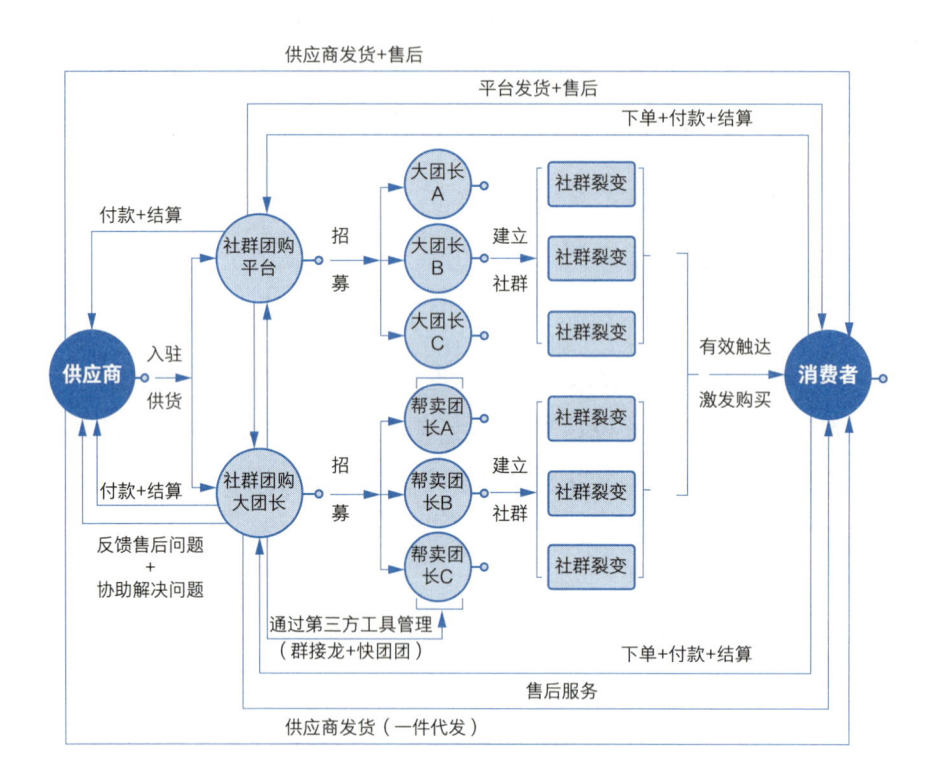

[图：社群团购新零售流程图]

供应商发货+售后
平台发货+售后
下单+付款+结算

供应商 —入驻/供货→ 社群团购平台 —招募→ 大团长A/大团长B/大团长C —建立社群→ 社群裂变

付款+结算

社群团购大团长 —招募→ 帮卖团长A/帮卖团长B/帮卖团长C —建立社群→ 社群裂变

付款+结算

反馈售后问题+协助解决问题

通过第三方工具管理（群接龙+快团团）

有效触达、激发购买 → 消费者

下单+付款+结算
售后服务
供应商发货（一件代发）

4. 和社群团购平台合作的步骤

- 了解各个平台的运营模式和用户群体，确定与平台合作的方式和策略。
- 联系平台的商务拓展部门或相关的负责人，介绍自己的产品和服务，并表达合作的意愿。
- 与平台方进行谈判，明确合作的具体细节和条件，如价格、服务范围、分成比例等。
- 签署合作协议，确保双方的权益得到保障。
- 在合作过程中，保持良好的沟通和协作，及时解决问题，确保合作的顺利进行。

（三）社区团购与社群团购的区别

1. 客户范围不同

社区团购以小区或商区为基础，向这个区域覆盖的人群进行销售。

社群团购以每个团长为节点，通过朋友圈辐射。

2. 配送方式不同

社区团购以落地配送的方式为主，通俗地说就是货物给到小区的团长，再由团长进行配送。

社群团购则是通过供应商或者公司平台来直接发货，通过第三方物流的支持，不需要团长自己发货，所以没有压货、囤货，以及仓库成本的支出。

3. 产品品类不同

社区团购专注于生活日常，以生鲜食品为主，如水果、海鲜等。

社群团购涵盖生活的方方面面，如食品、美妆、小家电、家纺、服饰、日用等，客户可选择面更广。

4. 用户连接方式不同

社区团购以搜索为主，搜索需要的产品，看到后再产生购买。

社群团购以推荐为主，在朋友圈、微信群呈现产品，并推荐给消费者。正如微信之父张小龙所说，微信朋友圈是大家的交流广场。以前无聊去逛淘宝，发现喜欢的再去购买；现在无聊看朋友圈，看到这个产品不错就去购买。

5. 进入门槛不同

社区团购进入门槛高，需要门店、仓储等大量投入，随着巨头的进入，社区团购的门槛越来越高。

社群团购进入门槛低，通常是有粉丝、有用户的商家就可以进入。

无论是人员配置、资源资金配置，还是运作能力等，社群团购的门槛都比社区团购要低许多。

6. 团长收获不同

社区团购中，通过分享或引荐产生购买的，团长可以获得收益。一个团长可以同时是多个平台的团长，谁家政策好就推荐谁家的产品。

社群团购对于团长的管理更规范，团长有成长与晋升的通道，团长分享产品不仅可以获得收益，还可以获得创业机会。同时，针对团长还有培训课程、招商纳新活动、地方沙龙等，能快速提升团长的归属感。

7. 合作收货不同

社区团购平台方与生产企业、品牌商等供应链直接谈合作，只有平台方有定价权和压价权，所以，团长和供应链都没有太大的利润空间。

社群团购平台和团长都可以直接和供应链合作，卖得越多议价能力越强，团长和供应链的利润空间也会得到保障。

作业：请尝试参与社区社群团购的渠道开发。

八、抖音电商渠道

> 人群对应场景，场景刺激需求，需求产生购买。
>
> ——大圣老师

随着抖音电商日益成熟，越来越多的品牌商家将它作为生意经营的主阵地。抖音的底色是内容型媒体，这让它成为国内少数能够同时拥有消费前链路和后链路数据的平台。基于这个优势，抖音也是有可能描绘出完整的用户路径、解决商家经营痛点的平台。与此同时，很多商家在经营抖音的过程中也发现，相较于淘系电商，抖音渠道的运营要难得多。

1. 抖音运营的难点

（1）客户留不住

由于抖音是内容型电商，竖屏且便捷的翻滑模式使很多用户在极短的时间就会刷到下一个视频，因此，用户是次抛型用户。用户很难在短时间内记住某一个商家，在这样的情况下，直播间不经过推广就很难达到想要的效果，长此以往，主播的流失率也会提升。

（2）视频拍不火

拍摄短视频，就需要达到足够的播放量，才能上热门。而大部分视频是拍不火的，因此通过视频带货，是没有办法像打爆款一样，通过循序渐进的过程获得回报的。

（3）流量不稳定

快餐式的节奏让视频的热度不会维持不变，今天的热度和明天的热度不一样，今天的直播间热度和明天的直播间也不一样，这也就意味着视频爆火的周期很短。一段时间后，视频的热度一定会下降，同时获得的流量也相对减少。

2. 抖音与淘系的本质区别

抖音的用户和淘系的用户是不一样的，两者的机制也是不一样的。抖音是闯关竞赛效应，过一关后进入下一关竞赛。这个赛季卖得好，未必下个赛季就卖得好。连续竞赛获胜启动闯关升级，闯关升级后进入更高赛区。持续性竞赛力是抖音的核心竞争力。抖音运营的核心在于稀缺性思维，是偶遇随机的特点式竞争。淘系运营的核心在于差异化思维，是对比海选的比较式竞争。

（1）搜索 VS 滑屏

淘系是搜索点击；抖音是用户滑屏点击，由于没有明确的目的性，所以，抖音用户的触达效果没有淘系精准。

（2）海选 VS 遇见

淘系是海选机制，全部产品摆在用户面前，让用户海选比价；抖音是遇见机制，用户如果划走了一条视频，就很难再找回来，是偶然的原理。

(3) 商家 VS 用户

淘系以商家为中心，商家卖得越多，排名越靠前，获得的流量就越大；抖音是去中心化思想，以用户为中心，用户喜欢看什么类型的视频，就会推送什么样的视频。

(4) 成交 VS 黏度

淘系看重卖家的成交金额，成交占了很大一部分的权重，成交越多，权重越大；抖音的成交也很重要，但更重要的是与粉丝的黏度，看重客户是否有持续的购买力。

(5) 获流 VS 获留

淘系要求主动获取流量；抖音强调用户的关注性、互动性、停留率。

(6) 位子 VS 钩子

淘系注重商家排名位子，位置越靠前，流量越稳定；抖音看重内容的话题性，是否能成为钩子，勾住用户，从而获得关注度。

(7) 页面 VS 视频

淘系通过商品详情页的观看来完成成交，是理性的观看，有稳定的业绩转化；抖音通过有意思的短视频触达用户，如果视频不够吸引人，是一定留不住用户的，是感性的观看，消费者是冲动性的消费。

(8) 长期 VS 短期

淘系要求长期发展主义，不断地用明确的标签去找到成交的用户；抖音更在乎短、平、快的营销理念，通过大量的筛选，找到合适的消费人群。

淘系和抖音有完全不同的运营模式。淘系让商家和产品通过排名展示给消费者，消费者只能选择买与不买；抖音上的用户考虑得更多，比如有没有兴趣，要不要买，还是以后再买，其变量很多。所以说，抖音比淘系难做得多。

3. 抖音与淘系的运营区别

淘系电商	抖音电商
✓门槛高 ✓做起难 ✓流量准 ✓产品尖 ✓中心化	✓门槛低 ✓做稳难 ✓流量泛 ✓产品宽 ✓矩阵化

淘系是起步时门槛高，但是越做门槛越低；抖音是起步时门槛低，但是越做门槛越高。淘系前期做起来比较难，但是做久了就会做得稳；抖音是做起来比较容易，但做稳比较难。淘系流量比较精准；抖音流量比较宽泛。淘系产品为尖刀；抖音产品一定要做宽度、做矩阵，单一产品做抖音是做不好、做不久的。淘系以中心化为主；抖音以矩阵化为主，抖音不能只卖一个产品。

4. 抖音的五种流量渠道

抖音流量五角：
- 短视频流量
- 直播流量
- 达人流量
- 商城流量
- 关联流量

短视频帮助商家做提成，提升流量标签的精准度；直播吸引粉丝，获取大量流量；达人转化成交，帮助商家进行流量的快速分发；商城布局帮助产品做梯队空位的占领；关联流量帮助商家进行同行跨标签的组合。

抖音并不是说只要付费就会产生价值，因为获取的流量可能是泛流量，并不精准，所以你只有把这五种流量思考得非常深刻，才能把抖音做好。

5. 抖音的选品逻辑

在抖音上只卖一种产品是远远不够的，首先，要有新品帮你引流，新、奇、特很重要；其次，要有爆品在直播间直接转化；再次，要有奖品稳住流量憋单；复次，要有高品，即高客单产品帮你做衬托，突出主卖商品的价值；最后，套品帮你提高客单价。

作业：请思考抖音的流量渠道和选品逻辑。

九、小红书内容渠道

> 小红书是淘系到抖音的最佳跳板，同时，小红书直播与短视频是电商的新机会。
>
> ——大圣老师

小红书是一个特别值得做年轻用品商家关注的平台，是特别适合发掘新品、塑造品牌、沉淀粉丝的通道。小红书已经成为电商"春秋五霸"中的一霸，与淘系、京东、拼多多、抖音四个平台并驾齐驱。

小红书主要的用户是女性，以 20~29 岁为主，56% 来自一线城市。它的体量非常大，目前拥有接近 3 亿主流消费女性用户的百亿市场。消费人群在小红书上种草、购物，将小红书作为最常用的消费决策平台，而品牌也将投放合作笔记作为日常的种草营销方式。它的使用场景是非常有黏度的，在小红书上总能看到很多好玩的东西、好的品牌，以及用户分享的购买经验、使用经验等。

使用场景：用户如何使用小红书

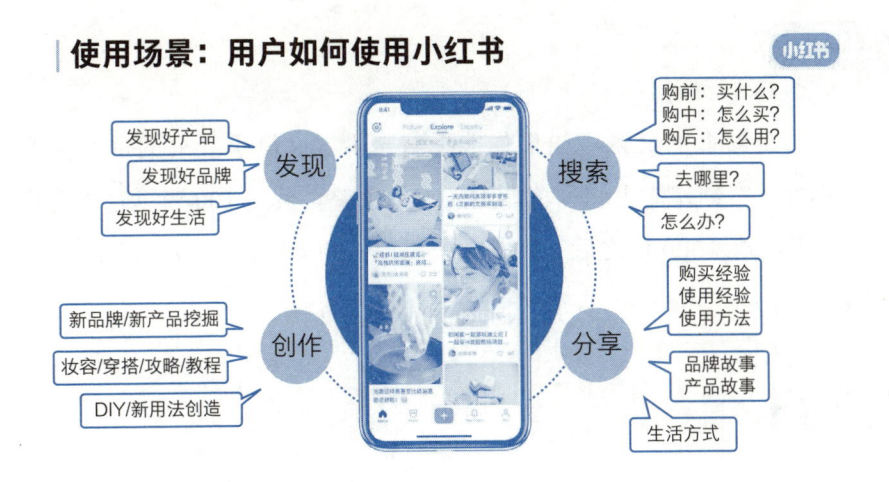

- 发现：发现好产品 / 发现好品牌 / 发现好生活
- 搜索：购前：买什么？ / 购中：怎么买？ / 购后：怎么用？ / 去哪里？ / 怎么办？
- 分享：购买经验 / 使用经验 / 使用方法 / 品牌故事 / 产品故事 / 生活方式
- 创作：新品牌/新产品挖掘 / 妆容/穿搭/攻略/教程 / DIY/新用法创造

小红书是淘系到抖音的最佳跳板。为什么这么说呢？因为小红书本身是一个文案型的平台，它继承了淘系的页面逻辑，只不过它的表达风格更抖音化，只要一篇文章爆了，就能火很久。它既有淘系的稳定性，又有抖音的内容性，既有淘系非常明确的页面逻辑，又有抖音分享内容种草年轻人的逻辑。

由抖音上很火的视频变成的文字，在小红书上极有可能成为爆款文章，小红书上的爆文放到抖音上去也可能会变成很火的视频。所以说，小红书是横跨淘系和抖音两大平台的跳板，如果你想从淘系到抖音的这条路走得更顺一点，那么小红书是你的必经之路。

那如何做好小红书？其实很简单，首先要有方法，其次要有心态。小红书不像淘系可以直接成交变现，也不像抖音要搞噱头的钩子，其本质是个人用户的分享和达人的推荐。做小红书不能着急，用淘系付费的心思做小红书是做不好的。做小红书的商家一定要有一个慢心态，要有一个酿酒的心态。做淘宝就像煮白开水，煮到100℃就可以了；抖音像娱乐场，积累的是人气；小红书就是要有品位，用慢慢的酿酒状态来思考。太急的人做不好小红书，一定要有质又有量、稳扎稳打地去做小红书。

1. 看量

要看足够多的文章。如果你能拆解至少500篇小红书的爆款文章，那么你的文案创作能力和种草能力一定不会差。拆到100篇算基本合格，500篇叫卓越，500篇之后，你基本上可以把所有的产品种草都变成小红书体。

2. 改质

找到那些比较有质量的文章，并改造它，改出质量感。小红书有一个拆改逻辑：先看框架，看小红书上的爆文是谁写的，账号有多少粉丝，打的什么标签，共性模型是什么。要像拆骨一样，把它拆得很细。账号定位怎么做，爆款标题怎么取，封面是什么样，内容是什么，都要一一拆解出来。

小红书的运营框架

账号名字 — 账号定位 — 爆文选题 — 爆文标题 — 爆文封面 — 爆文内容

3. 创新

在改质的基础上进行创新。爆文往往是相似的，你可以直接借鉴，把关注度比较高的内容找出来，找到它们的规律。

（1）账号名字

很多热门账号的名字是行为情绪＋垂直领域，如"会跳舞的高跟鞋"；身份地位＋垂直领域，如"我是高个子女装的搭配师"。

（2）首页设置

首先是使用什么样的头像，然后给自己定好位。比如，自己擅长什么专业，能针对性地解决什么问题或提供什么帮助，有什么个性。

（3）标题设置

好标题有三个类型：第一，细分人群+数字+结果；第二，情绪+人设+数字+结果；第三，解决方案+问题+结果。

	A	B	C	D
1	笔记类型		笔记标题	标题分析
2	美容个护	1	《为什么每天刷牙，牙齿还会出现问题》纠正错误	《为什么每天刷牙，牙齿还会出现问题》纠正错误（提出问题+发现问题+事件）
3	美妆类	2	《怒花22w师从MGP》纠正四个误区	《怒花22w师从MGP》（情绪词+数字+人物名简写）纠正四个误区（事件）
4	家居家装类	3	6个女生浴室好物，奇奇怪怪的洗澡神器	6个女生浴室好物（数字+事件），奇奇怪怪的洗澡神器（形容词+事件）
5		4	厨房宝藏好物分享神器|高颜值又超实用的一期	厨房的好物分享神器（事件）|高颜值又超实用的一期（形容词+称赞词）
6	穿搭打扮类	5	120-140微胖女孩的衣长/维度对照表	120-140（数字）微胖女孩的衣长（事件）/维度对照表
7	母婴育儿类	6	低至◆◆◆0.8|幼儿园自用好物|高效轻松学习	低至◆◆◆0.8|幼儿园自用好物|高效轻松学习（数字+事件）
8	运动健身类	7	大二女生宿舍健身，3步养成有马甲线的沙漏腰	大二女生宿舍健身（年级+目标人群+地点），3步养成有马甲线的沙漏腰（数字+事件）
9	萌宠类	8	10年养猫经验猫咪除臭实用篇！附报告（报备笔记）	10年养猫经验（数字+经验）|猫咪除臭实用篇！附报告（报备笔记）（事件）
10	美食类	9	收到一箱可以吃的餐具	收到一箱可以吃的餐具（事件）
11	健康养生	10	抗老饮食干货：3原理，2食谱，9措施，15测评	抗老饮食干货：3原理，2食谱，9措施，15测评（事件+数字+事件）

备注：好的标题都有共同的模板，要么就封面（头图）非常吸引人，这样产出的笔记才会有高点击率。

好标题公式1=细分人群+数字+结果
好标题公式2=情绪+人设+数字+结果
好标题公式3=解决方案+问题+结果

除了固定搭配，还要注意教程类标题和好物安利类标题的区别，下面给出详细的例子。

教程类

①傻瓜式/小白/新手+化妆方法/妆容名称+有手就行（傻瓜式捏鼻修容法有手就行）
②目标人群+痛点+彩虹屁（脸圆必学视觉重心降低术秒变宋智雅猫系）
③热门化妆方式+结果（跟着勇仔学提亮没翻车）
④妆容+爽点（白开水妆容自然放大五官优点短圆脸必备）
⑤自我经历介绍（普通女孩来小红书一年的逆袭之路/从小黑到大还有救美白思路）
⑥场景+爽点（早8妆十分钟快速出门简单日常提气色）

好物安利类

①太冷门了我居然挖到了宝藏+痛点（太冷门了挖到真的很不容易唇周黑有救了）
②制造对比+改善方法（比仙子毛好上手多了三款分段式假睫毛上眼）
③痛点+爽点（细软塌不用选睫毛膏了谢谢）
④ins+风格描述+热点（简约ins风棋盘格爱心圣诞美甲）
⑤名人同款+体验结果（宋智雅的香水我找到啦果然美女眼光很好）
⑥制造悬念+痛点（洗脸也能去粉刺0成本洗脸法真有你的）
⑦品牌+产品颜色、质地、风格+彩虹屁（Nars小众宝藏色号木质奶咖玫瑰棕色好绝）

小红书的机会非常多，有很多人没有在小红书做付费，也获得了高回报，所以作为中小卖家，一定要思考如何布局小红书渠道。

作业：请思考如何布局小红书渠道。

十、美团、得物等渠道

> 货架电商只能覆盖到核心消费群体，等待消费者产生需求，来搜索，再转化；内容电商可以覆盖到更多的潜在消费群体，使目标用户变得更多、范围更广。
>
> ——大圣老师

有一些电商渠道，很多人不关注，但同样能做好，比如美团、得物、唯品会等。

1. 美团电商渠道

2021年2月，美团电商"团好货"上线，采取产地直发+商品团购的形式。现在"团好货"品牌升级为"美团好货"，是B2C精选电商。美团好货，不再局限于商品团购的模式，而是正面PK淘宝、京东，成为集生鲜、母婴、3C数码、食品、服饰、跨境电商等于一体的综合性电商平台。

这个渠道知道的人少，做的人更少，美团是比天猫超市难度系数要低很多的渠道，美团电商的竞争对手都是那些传统门店，做过天猫的商家在这个平台上比传统门店专业得多，有很多机会。

你可以在美团电商官网申请入驻，流程很简单，具体入驻标准如下。

美团入驻标准

一、品牌
国际国内品牌，以及在国内有一定影响力和传播能力的品牌。
美团电商欢迎商家推荐品牌，为消费者带来更多丰富的品牌优质商品。
二、商品
能够帮助美团用户"吃得更好，生活更好"的商品。
符合美团电商平台经营类目结构的商品。
三、电商
美团电商平台愿意同优秀的垂直电商企业一起，共同为消费者提供优质的商品和服务。

美团一共拥有6.67亿用户，在获客成本高昂的当下，美团已有的海量用户就可以当作美团电商一个巨大的启动优势。对于美团的6.67亿用户来说，使用美团电商没有任何门槛，只需要点击底部导航栏的一个按钮即可，学习、使用成本非常低，在官方补贴之下，还可能在美团电商平台上买到比淘宝、京东价格更低的商品。

大多数商家和美团的合作是比较稳定的，只要合作稳定，排名靠前，评分做上去，就会获得很多流量。

美团上有一些仓库类的产品，你可以不用开门店，只要有个仓库就可以，而且它还不按照距离排名，甚至付费、搜索、优化、配送也不用商家太上心。

> 2. 得物渠道

得物曾经的定位是"球鞋鉴定售卖平台",如今这一定位已悄然变成了"新一代潮流网购社区"。如果说,小红书的人群比较偏女性,那么,得物的人群就是男性居多,而且他们的支付能力很强。

国潮新锐必做得物
轻奢精品必做得物
年轻男性必做得物

得物的商家数量比较少,平台也希望多招商家,所以它对商家的要求没那么高,因此,只要你做的是国潮新锐产品或轻奢精品,或者客户以年轻男性为主,那一定要布局得物渠道。

3. 唯品会

唯品会是一个比较老牌的平台，主打品牌特卖，现已与超过 6000 家国内外知名品牌达成长期深入合作关系，品牌产品的货源具有天然优势。另外，唯品会定位于"全球精选，正品特卖"，拥有一批资深的买手团队，进货范围覆盖全球。款式相对时尚、高端、上档次，而且价格合适，相较其他平台更优惠。消费者在 VIP 大牌日、今日大牌、最后疯抢、唯品快抢四个栏目，可以买到性价比高的产品。

唯品会在中国开创了"名牌折扣+限时抢购+正品保障"的创新电商模式，并持续深化为"精选品牌+深度折扣+限时抢购"的正品时尚特卖模式，在线销售服饰鞋包、美妆、母婴、居家等各类名品。

唯品会最初的用户定位以女性为主，现在很多男性也在用。从唯品会的商品类目可以看出，其中既有像乐町这样针对年轻女性用户的青春品牌，也有像一些男性用户感兴趣的商品品类，如运动装备、潮流国货、电子产品等，基本满足了各类消费人群各个价位段的需求。

唯品会 MP 主要针对的是厂家或者商家，对标京东 pop，不需要入仓，商家自己运营，自己发货。唯品会 MP 属于第三方卖家店铺，需要给平台缴纳相应的保证金、扣点和年费。

唯品会特卖即唯品会自营，需要入全国 8 个仓，资源排期由唯品会内部小二安排，商家只需把产品发到唯品仓即可。早期刚入驻的时候是需要入仓的，后面改成 JIT 和 JITX 合作模式。

JIT 是订单流入供应商 ERP 系统，然后直接把货发到唯品会仓库，由唯品会仓库安排派送；JITX 是订单流入供应商 ERP 系统，然后直接交接唯品会指定的快递公司（如顺丰快递），直接送达会员手中。

在唯品会上货，最重要的是商品的选择和定价。在选品方面，可以尝试着将天猫的热款拿过来做，也可以参考同行做得好的商品。在决定主推哪款之前，可以预留约一周的时间作为测款期。测款期内要做的事是试推 3~4 款卖得不错的商品，等到测款期结束，再分析反馈的数据，根据排名、流量、点击率等，找到效果最好的一款定为主推款。

在商品定价方面，要分析同类型商品的市场，通过数据分析测算出用户群体最能接受的价格范围。具体来说，就是收集前 20~30 名同类型商品的价格、销量等，汇总在表格中，分析出用户青睐的价格区间，再综合自己的成本定出一个合理的价格（可以参考上册中的相关内容）。

作业：请思考如何布局美团、得物、唯品会渠道。